"5E" 智慧创新课程

刘英明　主编

中国石油大学出版社
CHINA UNIVERSITY OF PETROLEUM PRESS

山东·青岛

图书在版编目(CIP)数据

"5E"智慧创新课程 / 刘英明主编 . -- 青岛：中国石油大学出版社，2024. 6 -- ISBN 978-7-5636-8215-7

Ⅰ. G622. 0

中国国家版本馆 CIP 数据核字第 20241U2X48 号

书　　　名："5E"智慧创新课程
　　　　　　　"5E" ZHIHUI CHUANGXIN KECHENG
主　　　编：刘英明
副 主 编：张　宁　刘继红　汪小凤

责任编辑：朱纪寒(电话　0532－86981529)
责任校对：陈亚亚(电话　0532－86981529)
封面设计：赵志勇

出　版　者：中国石油大学出版社
　　　　　　　(地址：山东省青岛市黄岛区长江西路 66 号　邮编：266580)
网　　　址：http://cbs.upc.edu.cn
电子邮箱：zhujihan2023@foxmail.com
排　版　者：青岛友一广告传媒有限公司
印　刷　者：泰安市成辉印刷有限公司
发　行　者：中国石油大学出版社(电话　0532－86983437)
开　　　本：710 mm × 1 000 mm　1/16
印　　　张：13. 75
字　　　数：238 千字
版 印 次：2024 年 6 月第 1 版　2024 年 6 月第 1 次印刷
书　　　号：ISBN 978-7-5636-8215-7
定　　　价：68. 00 元

编委会

让生命与世界灿烂相遇

西安高新第一小学是西安高新控股有限公司于 1995 年投资创办的一所现代化全日制民办小学,于 2022 年 7 月转为公办,现已形成集团化办学态势,有成员校 12 所,其中结对提升校 8 所,一长多校 4 所;本部现有教学班 100 个,学生 4 714 人、专任教师 284 人;教师中正高级教师 1 名,中高级专业技术人员占比 74.29%,省市级"手、骨、头"教师占比 41.55%。该校是陕西省首批示范学校,先后获得全国优秀民办学校、全国特色建设先进学校、全国办学特色示范学校、全国创新名校等荣誉称号,设有陕西省首个小学"钱学森实验班"。身处历史文化积淀丰厚的古都西安,加之又位于西安经济发展最前沿——国家级经济开发区高新技术产业开发区,学校周边高校林立,高科技产业云集,因此高知家长群体占一定比例,教育期待偏高。作为西安"高新教育"的一面旗帜,学校始终秉承"以生为本、质量立校、特色兴校"的办学方略,精进改革、赓续创新,充分发挥课程的育人功能,以"让每一个孩子都得到最优化发展"为宗旨,用丰富多元的课程作为学校给予儿童最好的成长礼物,让不同个性特点的儿童在此美好相遇。植根校园"一品"文化和"追求卓越、不断超越"的"一小精神",学校不断追寻着对现有办学水平的超越,不断突破自身的局限,努力追求新的教育境界,致力培养具有"一流人品、一流体魄、一流学识、一流情怀"的新儿童,擦亮"第一"这个灿烂品牌。

一、新视界:让生命更灿烂的课程

学校是汇聚美好事物的地方,儿童在这里遇见成长中的关键人物,经历关键事件,阅读关键图书,汲取关键知识。课程是带着生命气息的知识,是美好的拥有,是与自然、与世界的美丽邂逅。

人的全面发展是教育的根本目的。卢梭认为,教育应遵循的最重要的原则是"浪费时间",而不是"爱惜时间",这从教育强调过程和经历而非考试和成绩上可见一斑。教育应关注眼前具体、生动且独一无二的每一个生命个体,不是通过外部的人为塑造,而是激发儿童内在的学习热情和成长渴望,鼓励他们自主地去成就自己、发展自己、超越自己,最终成长为更好的自己。这就需要教育人做一些与心灵成长、精神境界提升有关的事。

因此,我们以"智慧教育"作为课程建设的哲学底蕴,将学校课程模式命名为"5E"课程。"5E"课程旨在为每一个孩子设计课程,是广博(encyclopedic)的课程,是助力每一个人(everyone)的课程,是体验(experience)的课程,是可享受(enjoyable)的课程,同时也是富有教育意义(educational)的课程。我们期望,孩子们走进校园,智慧在这里生长,生命在这里绽放。这里,将给孩子一个最灿烂、最难忘的童年。

二、新图谱:给儿童对话世界的力量

从某种意义上来说,教育是为了忘却而不是为了记忆。抛开了教科书和听课笔记,忘记了为考试所背的细节,剩下的东西才是真正有价值的。那些应该剩下的可以称为教育的东西,用怀特海的话说,就是完全渗透入你身心的原理,一种心智活动的习惯,一种充满想象力的生活方式。按照多元智能理论的定义,每一个儿童都是独一无二的,有着不同的天赋秉性和待开发的无尽潜能。换言之,每一个生命都蕴藏着可能影响世界的潜能和力量。《素履之往》中有一句对生命存在命题的解读,为我们提供了沉潜下来思考的空间:"生命好在毫无意义,才容得下各自赋予意义。假如生命是有意义的,这个意义却不合我的志趣,那才尴尬狼狈。"诚如所云,人生的意义不是别人赋予的,而是自己创造的。因此,培育精神灿烂的人的课程,其生命力在于尽可能完整地向儿童展现生活的全貌及人生的意义,让儿童在自我认知和情感、内在动机和需求的自主支配下去创造属于自己的有意义的人生,从而丰盈生命,成长为一个精神富足的人。

为此,西安高新第一小学致力建构"眼中有人"的智慧教育体系,以培养合格的社会成员为育人目标,关注人的知识学习和社会属性的同步发育,重在培养学生适应未来社会发展所需要的关键能力、必备品格和正确价值观。上述育人目标具体表现为"九个一",即一脉红色基因、一生良好习惯、一手漂亮文章、一笔工整书写、一种创新思维、一口流利表达、一项艺体特长、一身责任担当、一份高远视野,旨在用"九个一"为学生可持续发展夯实根基,筑牢生命和精神的底色。

三、新实践:向着灿烂生长的课程变革

(一) 构建"智慧课堂",推进学科基础课程有效实施

智慧课堂是生命灵动的课堂,倡导自主、合作、探究的学习方式,让学生成为学习的主人,让每个学生在自主学习和相互交流中灵动起来,在学习过程中获得生动活泼的成长。智慧课堂还改变了以往单一的接受性学习方式,促进了知识与技能、情感态度与价值观的整体发展。

智慧课堂是和谐多元的课堂。和谐是有效课堂的追求目标。课堂教学应该体现出塑造学生和谐、健全人格的教学理念。教育的目的是让人学会"从善如流",教育的深度追求是实现教育对人性的滋养与提升,因此只有在师生分享、探索、思考的过程中,才有实现教学相长的"双赢"。

智慧课堂是动态生成的课堂。动态生成的课堂教学强调知识的内在性、动态性、开放性和生成性,视课堂为开放、动态、生成的知识系统。在这里,教学过程就是教师与学生围绕知识资源进行双向建构的活动过程。

智慧课堂是温暖人生的课堂。赏识的课堂评价强调尊重天性,激发灵性,调动悟性,让学生在课堂上能够如植物一样进行"光合作用",最大限度地开发每个学生的学习潜质、潜能,让学生自觉完成学习任务。

一言以蔽之,智慧课堂是以生为本的课堂,是将学生推到最前面,是课前

有期待、课中有乐趣、课后有回味的课堂。在具体的实施中,"智慧课堂"应该关注6个要素:① 教学目标全面,包含多维的教学目标;② 教学内容丰富,包含多样化的生成性内容;③ 教学过程立体、活跃,不限于平面化的纸质学习;④ 教学方法灵动,采取多样化的教学方法;⑤ 教学评价缤纷,运用多元评价方法;⑥ 教学文化激励,给予孩子充分的思考空间,鼓励他们,温暖他们的生命。

(二)建设"智慧学科",推进学科特色课程全面落实

让每一个学科都多姿多彩,是学校课程改革的标志。建设"智慧学科",是推进学校课程深度变革的路径。各学科均从现状分析出发,围绕学科课程、学科教学、学科学习及学科团队等4个维度,深入考虑学科理念、发展目标、发展途径和策略等学科建设的重要问题,从而在学科层面建立起"1+X"特色学科课程群。各学科研制的特色学科建设方案主要包括:《立体语文:在语言世界中丰盈生命》《E彩英语:在多彩语言融合中与世界相拥》《灵动数学:让儿童的灵性得以自由舒展》《畅享信息:在智能海洋中探索创新》《智创科学:在科学旅程中启迪智慧》《悦动体育:在运动中健育身心》《幸福心育:让生命积极成长》《多彩美术:用美编织绚烂童年》《尚美音乐:用旋律启迪至善人生》《行知道法:做有生活智慧的践行者》等。

(三)创建"智慧社团",推进兴趣爱好课程灵活实施

为推进兴趣爱好课程的实施,我校对学科课程进行整合,每学期举办"智慧社团"活动,提供多样化的社团课程供学生按需走班选择。学校社团包含语言、逻辑、体育、音乐、美术、科技、交际7大类别,其中语言类社团开设有青荷文学社、小金笔、小书虫、嫩芽演说家、E彩英语广播、英文话剧、E彩话剧社团(Happy Melody)、模拟联合国、E彩剧场(Amazing Mike)等社团,逻辑类社团开设有魔法数学、数学实验、数学阅读、数学游戏、思维超脑、机器人、创意编程、3D建模和智能造物等社团,体育类社团开设有田径、武术、篮球、足球、网球、羽毛球、啦啦操、体育舞蹈等社团,音乐类社团开设有管乐、国乐、弦乐、有戏、合唱、舞蹈、电声、男童合唱、戏曲、民族打击等社团,美术类社团开设有魅力陶艺、衍纸画、纤维装饰、版画、油画、书法、剪纸、工笔、国画墨、素描、棕叶编织等社团,科技类社团开设有航模、建模、3D魔法笔、科学魔术、小创客、科学

探究、飞翔无人机、小小发明家等，交际类社团开设有阳光导师、幸福心能、小小心理咨询师等。

此外，我们还依托社区、家长和社会资源来丰富社团课程的内容。例如，依托社区、家长、高校和社会资源为我校学生开设了艺术、科技、体育等拓展课程，为我校课程注入了活力和生机。在艺术方面，家长和社会知名人士可以为我校学生开设文学、书法、舞蹈、戏剧表演、美术鉴赏、心理辅导等社团课程提供支持。

（四）创设"智慧节日"，推进节庆文化课程全面实施

儿童对节日的喜爱源自天性。学校以课程建设为基础，设计并实施各年级主题教育系列活动，并研究、策划不同的学科主题节日，将德育和团队活动通过一个个校本节日展现出来。我们以艺术节、科技节、体育节、读书节、数学节、幸福节等丰富多彩的节日活动为载体，引导学生发现美、欣赏美、向往美，进而表现美、创造美。对于学生来说，校园节日是难能可贵的课程。我们把综合实践活动与传统节日结合起来，不仅立足于课堂，还延伸至社会、家庭，让学生在丰富的节日实践活动中体验和接受优秀传统美德的教育和熏陶，感悟传统文化的魅力和底蕴。我们还通过写生采风、志愿者服务、社会实践等活动形式，提升学生的核心素养，全方位地提升学校的文化品位。这一系列丰富多彩的大型节日活动，不仅深深地吸引着学生，还为他们的校园生活增添了许多美好的回忆。

在"智慧节日"课程实施方面，我们遵循三个原则。一是趣味原则，即我校利用文化、时尚和娱乐元素，设计符合学生趣味、体现学生个性需求、具有时尚元素的节日活动方案。多姿多彩的校园节日活动，真正实现了让所有学生过有意思的校园生活的目的，这是教育的真谛，也是一种境界。二是自主原则，即让学生自己设计、自己策划、自己实施，是学校在创建"校园节日"时所遵循的原则。学校在筹备"校园节日"的过程中，始终让学生选定主题、设计活动环节、选择活动呈现方式等关键环节，确保学生的主动性得到最大限度的发挥。三是常态原则，即德育需要载体，而只有在活动过程中，才能实施有效德育。为了让活动更有系统性，更具针对性，学校把节日活动编写成校本教材，

把校本节日常态化、课程化。

（五）开展"智慧之旅"，稳步落实研学旅行课程

我校始终把加强学生的综合素质教育作为课程改革的重点，组织并开展了研学之旅的活动，带领学生到大自然、社会中，寻找知识的真谛；鼓励学生亲历、参与少先队活动、场馆活动和主题教育活动，获得有积极意义的价值体验。"智慧之旅"研学课程主要围绕"红色文化"与"长安文化"中的人文、自然、地理、历史、社会等方面，以革命纪念地、纪念物、历史博物馆、名人故居及所承载的革命精神和历史文化为内涵，组织学生在参观和游览中学习革命历史知识和本土历史文化，激发学生的家国情怀，同时达到振奋精神、放松身心、增加阅历的目的。

一年级到六年级的探究主题根据学生的特点，由浅入深、由易到难进行设置，旨在满足不同年龄段学生的需求，体现了课程设计的层次性、阶段性和生成性。活动内容的编排也遵循了由低年级到高年级、从简单到复杂的趋势。我们主要围绕学生的兴趣爱好开展了丰富多样的实践活动，如参观游览、考察探究、社会服务、设计制作等；借助西安当地的科技馆、自然博物馆、美术馆、航空航天城、软件园等有利条件，引导学生根据兴趣、能力、特长和活动需要进行明确分工，从而确保活动合理且高效。在此过程中，我们既要让学生有独立思考的时间和空间，又要充分发挥合作学习的优势，鼓励学生利用信息技术手段突破时空界限，进行广泛交流与密切合作，重视培养学生的自主参与意识与合作沟通能力。通过这一系列实践活动，学生能够主动获取知识，分析并解决问题，亲历观察、记录和思考的全程研究性学习，从而开阔视野，播种希望，放飞梦想，立志成才。

（六）评选"智慧之星"，丰富个人成长课程

我校以建设社会主义核心价值体系为目标，以立德树人为根本，以"争做新时代好少年"主题实践活动为主线，通过认星、推荐、评选、表彰新时代好少年的过程，在全校学生中营造认星争优、学习新时代好少年、争做新时代好少年的浓厚氛围。以"认星争优、做宝藏少年"为主题，我们将活动分为宣传、认星、创星、评星、树星五个环节，鼓励学生自主自愿选择星级目标，并确定努力

方向。整个活动设计重在人人参与，重在活动普及。

（1）宣传。学校制定了活动方案，利用晨会、班会和广播站进行广泛宣传。

（2）认星。班主任通过班会课的形式，向学生介绍本次活动的详细内容，引导学生主动"认星"；通过微信来告知家长本次活动的具体方案，请家长关注并参与到活动中来。

（3）创星。学生根据自己的情况，对照评选标准，自主选择星级内容，并在班网上进行在线申报、公开海选和自主宣讲。活动期间，公众号"宝藏少年"将定期更新认星争优活动成果，加强师生监督和扶助。

（4）评星。班主任负责在星组中评选出优秀学生，并在校园公众号上公布结果。在学期末认星争优活动中，班主任会按照得星的数量，由高到低评出若干名优秀得星学生。

（5）树星。为了充分发挥先进典型的示范作用，学校通过屏幕、班网及电子班牌，滚动宣传一个周，营造争先创优的育人氛围，打造灿烂校园。

综上所述，西安高新第一小学的智慧教育是以生动活泼的手段和灵活多样的方式培育精神灿烂的人的教育，是让人性丰富起来、生动起来、灿烂起来的教育，是学校发展素质教育的个性化实践样态。基于智慧教育下的"5E"课程将课程看成一次机会、一种经历、一份经验，秉持守正创新、统整提质的原则，为学生提供富有生命气息的课程，挖掘每个学生的潜能，培养学生的比较优势，满足学生全面发展和个性成长的需要。课程的变革带给学生系统的全方位的改变，让每个学生真正按照自身的优势去发展，使天性得到释放、内心变得丰盈、灵魂变得纯粹，让不同个性特点的学生在课程中拥有同样美好的相遇，让生命与自然、与世界发生美丽的邂逅，给学生一个最灿烂、最难忘的童年。

学校作为国家基础教育课程改革的首轮实验学校，始终坚持课程育人，在多年的教改实践中感悟、淬炼、发展，坚守儿童立场，把儿童推到最前面，用经验激活知识，用思维建构知识，用情感丰富知识，用心灵感悟知识，让知识变得鲜活生动，于润物无声中实现知识与能力、道德与情感的培养，落地核心素养，实现立德树人的根本任务。学校先后在全市、全省品质课程研讨会上做分享与交流，向专家同行开放生本课堂，成为全国品质课程联盟校。智慧课堂由"教师"转向"学生"，由"知识"转向"素养"，由"讲解"转向"驱动"，通过丰富学生当下的学习经历来增长他们的未来财富,激发他们在真实且愉快的学习经历中进行思维碰撞、交流共鸣、彼此滋养。

追求卓越、不断超越是西安高新第一小学的精神内核。换言之,人的超越性是学校提质增效的出发点、连接点和归宿点。多年来,学校在充分尊重个体生命差异和鼓励自我实现的前提下充分挖掘学生的内在潜能,让他们突破自身的种种"局限性",寻找属于自己的最大可能空间。我们相信,在西安高新第一小学教育人的共同探索下,智慧教育必将在这片教育改革的沃土上焕发出熠熠光彩。学校也将始终秉持为国家、为民族负责的精神,致力于创办一流教育。在这里,学生充满活力、富有思想、全面发展,教师魅力无限、精神高贵、品质卓越。西安高新第一小学已发展为孩子向往、教师幸福、社会满意的优质学校。

刘英明

2024 年 5 月

•目 录•

第一章　立体语文：在语言世界中丰盈生命 ················ 1

　第一节　立体是语文的姿态 ······················· 1

　第二节　看见语文的博大 ························· 4

　第三节　让语文与生活一样立体 ····················· 8

　第四节　过完整而立体的语文生活 ···················· 12

第二章　E彩英语：在多彩语言融合中与世界相拥 ············ 24

　第一节　开启与世界相遇之旅 ····················· 25

　第二节　培养具有国际视野的世界公民 ·················· 27

　第三节　建构复合式英语课程框架 ···················· 32

　第四节　成就竞相绽放的E彩学子 ···················· 36

第三章　灵动数学：让儿童的灵性得以自由舒展 ············· 46

　第一节　灵动是数学的形态 ······················ 47

　第二节　感受数学的价值与魅力 ···················· 48

　第三节　因数学而焕发灵动的光彩 ···················· 55

　第四节　有意义的数学学习历程 ···················· 58

第四章　畅享信息：在智能海洋中探索创新 ··············· 67

　第一节　畅享是信息技术的追求 ···················· 67

第二节 体验信息的无限可能 ············ 69

第三节 创造智能新生态 ············ 73

第四节 畅享在信息化智能时代 ············ 76

第五章 智创科学:在科学旅程中启迪智慧 83

第一节 智创是科学的灵魂 ············ 84

第二节 探索科学的无尽奥妙 ············ 86

第三节 让科学与生命智慧交融 ············ 90

第四节 亲历智慧而创新的科学之旅 ············ 93

第六章 悦动体育:在运动中健育身心 105

第一节 悦动是体育的追求 ············ 105

第二节 强身健体,育人育心 ············ 107

第三节 让体育与生命一起悦动 ············ 114

第四节 生命在运动中绽放精彩 ············ 117

第七章 幸福心育:让生命积极成长 129

第一节 唤醒生命发展潜能 ············ 129

第二节 定位儿童适切的发展 ············ 131

第三节 勾勒幸福课程的路径 ············ 134

第四节 展现积极成长姿态 ············ 137

第八章 多彩美术:用美编织绚烂童年 146

第一节 多彩是美术的语言 ············ 146

第二节 多彩美术彰显适性教育 ············ 148

第三节 多元是美术的样态 ············ 152

第四节 多彩美术描绘艺术生活 ············ 155

第九章 尚美音乐:用旋律启迪至善人生 164

第一节 尚美是音乐的底色 ············ 164

第二节 在音乐中涵养美感 ············ 167

第三节 用音乐点亮童心之光 ……………………………………… 175

第四节 在音乐的沁润中成就美 …………………………………… 178

第十章 行知道法：做有生活智慧的践行者 …………………… **186**

第一节 知行合一是道德与法治的航标 …………………………… 187

第二节 阳光生长是道德与法治的追求 …………………………… 188

第三节 多元立体是道德与法治的蓝本 …………………………… 191

第四节 践行引领是道德与法治的路径 …………………………… 194

参考文献 ………………………………………………………… **202**

第一章
立体语文：在语言世界中丰盈生命

　　立体是语文的姿态。语文如生活一样生动真实、多姿多彩，看得见、摸得着，有温度、有感情。"立体语文"把语文学习与生活有机结合，同时促进语文教学与学科育人的有机结合。"立体语文"激发听觉，开启智慧，强化"听"；鼓励留心观察，感悟生活，丰富"说"；倡导涵泳经典，聚焦美感，海量"读"；开拓空间，丰厚情感，创意"写"。"立体语文"努力让儿童过完整而立体的语文生活，在语言世界中丰盈生命。

　　西安高新第一小学的语文学科在学校"一品文化"的引领下，以《中国学生发展核心素养》《义务教育语文课程标准（2022年版）》为导引，将大语文观与教学方法论深度融合，提高语言文字的综合运用能力，锻炼思维及创造能力，提升文学审美与鉴赏能力，培养学生的健全人格。学校按照"5E"课程规划，认真学习并梳理各年级课程目标，促进学科内涵发展，构建了"立体语文"课程体系。

第一节　立体是语文的姿态

　　语文作为母语课程，是最重要的基础类课程，为儿童的其他学习奠定基

1

础。对语文学科课程的认识体现了我校语文教育人对语文价值的认同。

一、学科价值观

《义务教育语文课程标准(2022年版)》指出:"语文课程是一门学习国家通用语言文字运用的综合性、实践性课程。工具性与人文性的统一,是语文课程的基本特点。语文课程应引导学生热爱国家通用语言文字,在真实的语言运用情境中,通过积极的语言实践,积累语言经验,体会语言文字的特点和运用规律,培养语言文字运用能力;同时,发展思维能力,提升思维品质,形成自觉的审美意识,培养高雅的审美情趣,积淀丰厚的文化底蕴,继承和弘扬中华优秀传统文化、革命文化、社会主义先进文化,增强对习近平新时代中国特色社会主义思想的理解和认识,全面提升核心素养。"

我们依托语文课程建设,遵循学科发展规律,结合我校学生身心发展特点,将语文素养渗透在课堂、活动和生活中,努力为学生搭建自主学习、实践锻炼、培养能力和提高素养的平台,全面提升学生的综合素养,为他们学好其他课程打下基础,并在语言世界中丰盈生命。

二、学科课程理念

于漪老师曾提出语文教学要追求"立体多维无恒"。她认为语文教学要凭借语文自身的特质,以立体的姿态,主动承载德育、美育的任务,最大程度地发挥其对综合文化的积累效能,使语文教学在塑造"完整的人"的过程中显示出其他学科所无法替代的既独特又多样的功能,达到"整体大于部分之和"的功效。基于这种认识,我们认为,立体是语文的姿态。

语文学科课程是一种动态的、立体的结构体系,而这种结构体系的形成离不开语文课程的完整建构。长期以来,我们的语文教育缺乏生命感和生长感,不仅耗时耗力,还效能低下。让语文生动起来、丰富起来、立体起来是我校语文学科课程改革的理念。结合学校历史、文化及语文学科的实际情况,我们提出了语文学科的核心概念为"立体语文",旨在从多层次、多维度、全方位的角度,系统地构建语文学科教与学的原则、内容和方法体系,致力于提高儿童的语言、思维、审美及文化等核心素养。这一"在语言世界中丰盈生命"的课程,具体表现在以下四个方面。

（一）语文课程目标是立体的

我校致力于培养具有"一流人品、一流体魄、一流学识、一流情怀"的新儿童，具体体现为：一脉红色基因、一生良好习惯、一手漂亮文章、一笔工整书写、一种创新思维、一口流利表达、一项艺术特长、一身责任担当、一份高远视野。"立体语文"秉承学校的育人理念，根据语文学科的特点，注重文化传承与理解，弘扬民族精神，涵养品性，提高思想文化修养。我们以"一手漂亮文章、一笔工整书写、一口流利表达"为抓手，着眼儿童"一流人品、一流体魄、一流学识、一流情怀"的塑造，坚持立德树人、德才兼备，用全面发展的眼光培养未来公民，培养"大写的人"。

（二）语文课程内容是立体的

语文课程内容如生活一样生动真实、多姿多彩，看得见、摸得着，有温度、有感情。"立体语文"把语文学习与生活有机结合，把语文教学与学科育人有机结合，把知识传授与能力培养、思维发展有机结合，把听、说、读、写四方面的训练有机结合，激发听觉，开启智慧，强化"听"；鼓励留心观察，感悟生活，丰富"说"；倡导涵泳经典，聚焦美感，海量"读"；开拓空间，丰厚情感，创意"写"，开发"立体识写""立体阅读""立体写作""立体交际""立体探究"等子课程，构筑起"立体语文"课程群。

（三）语文课程实施是立体的

"立体语文"注重把生活和语文相结合，让儿童在情境中学语文，在生活中用语文。我们通过不同途径来实施课程，致力于打造"立体课堂"，通过"立体社团""立体之旅""立体节日""立体之星"，落实"立体语文"，努力让儿童过完整而立体的语文生活。我们的理念是"大语文立一生。""立体课堂"是灵动的、激扬生命的、多元的课堂，凸显儿童的主体作用，最大程度地调动儿童的学习积极性和自主性，鼓励个性化展示与思维碰撞，探索"互联网＋"时代下的空间学习共同体，促进儿童进行自主、合作、探究式的学习。"立体社团"是自主、合作、民主、成长的立体场，通过选择性课程来激发兴趣、挖掘潜能、发展特长、开拓思维、陶冶情操，促进儿童的能力提升和精神发育。"立体之旅"则充分利用一切资源为儿童营造浓厚的文化氛围，让儿童在多元的环境中体验与感悟,积淀丰厚的知识与经验。丰富多彩的语文综合实践活动不仅挖掘了儿童的潜能,还丰厚了他们的语文学科素养,使师生徜徉在语文学习的乐园中。

(四)语文课程评价是立体的

"立体语文"充分发挥语文课程评价的多重功能,恰当运用多种评价方式,注重评价主体的多元性与互动性,突出语文课程评价的整体性和综合性。根据不同年龄段学生的学习特点,结合不同学段的课程目标,我们抓住关键,突出重点,采用合适的评价方式,提高评价效率。在评价过程中,我们要充分发挥语文课程评价的检查、诊断、反馈、激励、甄别和选拔等多重功能,考查学生实现课程目标的程度,有效促进学生的全面发展。我们坚持形成性评价和终结性评价相结合,既关注学习过程,又关注学习结果;定性评价和定量评价相结合,全面反映学生语文学习的状态及水平;将教师的评价、学生的自我评价及学生之间的相互评价相结合,尊重学生的个体差异,促进每个学生的健康发展。我们根据需要邀请专业人员、学生家长、社区等各方适当参与评价活动,争取他们对语文学习给予更多关注和支持。此外,我们还将识字与写字、阅读、写作、口语交际和综合性学习五个方面有机联系起来,将知识与能力、过程与方法、情感态度与价值观三个维度进行交融、整合,全面考查学生的语文素养。

第二节 看见语文的博大

《义务教育语文课程标准(2022年版)》中指出:"语文课程致力于全体学生核心素养的形成与发展,为学生学好其他课程打下基础;为学生形成正确的世界观、人生观、价值观,形成良好个性和健全人格打下基础;为培养学生求真创新的精神、实践能力和合作交流能力,促进德智体美劳全面发展及学生的终身发展打下基础。"《义务教育语文课程标准(2022年版)》中还指出:"工具性与人文性的统一,是语文课程的基本特点。"

一、学科课程总体目标

依据《义务教育语文课程标准(2022年版)》的要求,我们从工具目标和人文目标两方面制定我校语文学科总体目标。

（一）工具目标

工具目标具体包括：认识约 3 000 个常用汉字；能正确、工整地书写汉字，并具有一定的速度；具有独立阅读的能力，学会运用多种阅读方法；有较为丰富的积累和良好的语感，注重情感体验，发展感受和理解能力；能阅读日常的书报杂志，能初步鉴赏文学作品，丰富自己的精神世界；能具体明确、文从字顺地表达自己的见闻、体验和想法；能根据需要，运用常见的表达方式写作，发展书面语言运用能力；具有日常口语交际的基本能力，学会倾听、表达与交流，初步学会运用口头语言文明地进行人际沟通和社会交往；掌握祖国语言文字的特点及运用规律，在发展语言能力的同时发展思维能力，学习科学的思想方法，逐步养成实事求是、崇尚真知的科学态度。

（二）人文目标

人文目标具体包括：培养爱国主义、集体主义、社会主义思想道德和健康的审美情趣，发展个性，培养创新精神和合作精神，逐步形成积极的人生态度和正确的价值观；认识中华文化的丰厚博大，汲取民族文化智慧，培养热爱中华文化和祖国语言文字的情感，增强学习语文的自信心；以文本为载体，丰富审美体验，提升鉴赏品位，使学生形成正确的审美意识、健康向上的审美情趣，并在这个过程中学习表现美、创造美的方法；关心当代文化生活，尊重多样文化，吸收人类优秀文化的营养，提高文化品位。

透过这两个目标，我们看见了语文的博大。语文教学关乎学生人格雏形的养成，关乎学生听说读写能力的提升，关乎学生审美情趣的培养，关乎学生思维水平、自学能力的完善。可以说，语文教学是一种全人教育，它用语言文字丰盈一个人外在的骨骼血肉，用文学浸润一个人内在的灵魂。

二、学科课程年级目标

我们依据《义务教育语文课程标准（2022 年版）》、教材及教学用书，对每个单元的目标进行系统梳理，将上述总体目标转化为年级目标。这里，我们以三年级上学期目标为例，展示一个学期的目标（见表 1-2-1）。

表1-2-1　西安高新第一小学"立体语文"课程三年级上学期目标

单元	课程目标
第一单元	1. 共同要求。 （1）认识24个生字，读准3个多音字，会写26个字，会写28个词语。 （2）关注有新鲜感的句子，并与同学交流。借鉴课文仿说或仿写。 （3）用一段话介绍自己的同学，能介绍清楚同学留给自己印象深刻的地方。 （4）选择自己暑假生活中的新鲜事，把经历讲清楚。能选择别人可能感兴趣的内容讲述，并借助图片和实物增强表达效果。 2. 校本要求。 （1）掌握"形体窄长、短竖内收"等书写规则。 （2）阅读微型短篇小说，初步感受小说的魅力。 （3）抓住文眼，明确题目要求；写清事情发生的时间、地点、人物、起因、经过和结果
第二单元	1. 共同要求。 （1）认识35个生字，读准1个多音字，会写39个字，会写29个词语。 （2）运用多种方法理解难懂的词语，了解课文的主要内容。 （3）能借助例文并结合生活经验，了解写日记的好处及写日记的具体格式，会用日记来记录生活。 2. 校本要求。 （1）掌握"竖钩挺直、左放右收"等书写规则。 （2）阅读校园小说，了解校园小说的写作特点。 （3）对题目进行分析，弄清写作对象的范围和重点，并按照空间顺序来记叙
第三单元	1. 共同要求。 （1）认识40个生字，读准8个多音字，会写26个字，会写34个词语。 （2）边读边想象，感受童话的奇妙。 （3）试着自己编写童话，尝试运用改正、增补、删除的修改符号自主修改习作。 2. 校本要求。 （1）掌握"短横斜平、三点弧形"等书写规则。 （2）阅读动物小说，了解动物小说的写作特点。 （3）能结合表现人物品质的典型事例及文章，学会在写作中突出人物的特点或品质
第四单元	1. 共同要求。 （1）认识24个生字，读准5个多音字，会写13个字，会写13个词语。 （2）一边阅读一边预测，知道预测有不同的角度，总结并掌握预测的基本方法。 （3）能根据插图和提示续写故事，把故事写完整。

单元	课程目标
第四单元	（4）总结并掌握预测的基本方法。 （5）了解自己或他人名字的含义或来历,把了解的信息讲清楚。在听别人说话的时候,要有礼貌地回应。 2. 校本要求。 （1）掌握"点提呼应"等书写规则。 （2）阅读科幻小说,了解科幻小说的写作特点。 （3）按事情的发展顺序,把事情的起因、经过、结果写清楚
第五单元	1. 共同要求。 （1）认识 10 个生字,读准 1 个多音字,会写 25 个字,会写 25 个词语。 （2）感受作者细致的观察,体会留心观察的好处。 （3）学会观察一种动物、植物或一处场景,把自己的观察过程按一定顺序写下来。 2. 校本要求。 （1）掌握"横画等距、间距相等、左连右断"等书写规则。 （2）阅读推理小说,了解推理小说的写作特点。 （3）选择自己亲身经历的一件事情,抓住事情的经过进行细致描写,表达真情实感
第六单元	1. 共同要求。 （1）认识 34 个生字,读准 6 个多音字,会写 52 个字,会写 45 个词语。 （2）借助关键词语理解一段话的意思。 （3）观察一处景物,围绕一个意思,并用一段话写下来,能主动运用平时积累的描写景物的词语。 2. 校本要求。 （1）掌握"捺改点、横变提、撇要舒展"等书写规则。 （2）阅读人物小说,了解人物小说的写作特点。 （3）在仔细观察的基础上,把事物的细节描写清楚
第七单元	1. 共同要求。 （1）认识 25 个生字,读准 1 个多音字,会写 38 个字,会写 46 个词语。 （2）体会课文中生动的语言,摘抄自己喜欢的句子。 （3）留心生活,能清楚地写下生活中的某种现象及对此的看法。 （4）能在小组中简单地讲述身边令人感到温暖或不文明的行为,并清楚地表达自己的看法。汇总小组意见,汇总时能尽量反映每个人的看法。 2. 校本要求。 （1）掌握"中部紧凑、竖起横中、横钩上斜"等书写规则。 （2）阅读军事小说,了解军事小说的写作特点。 （3）初步感知书信这一应用文体,掌握书信格式及内容要求,学会用书信这一形式与他人沟通

单元	课程目标
第八单元	1. 共同要求。 （1）认识 32 个生字，读准 3 个多音字，会写 29 个字，会写 28 个词语。 （2）学习带着问题默读，理解课文内容，体会人物心情的变化。 （3）学写一次玩的过程，表达当时快乐的心情。 （4）能就自己不好解决的问题有礼貌地向别人请教，对于不清楚的地方能及时追问。 2. 校本要求。 （1）掌握"左松右紧、点撇相离"等书写规则。 （2）阅读小说，初步了解小说的三要素。 （3）学会把文章的内容与标题互相照应，使文章中心更鲜明

第三节　让语文与生活一样立体

"立体语文"是我校"5E"课程体系中"全语言课程"的重要组成部分。基于"立体语文"的学科课程哲学和学科课程目标，并根据《义务教育语文课程标准（2022 年版）》、语文学科核心素养、小学生发展特点及我校学生特质，我们设立了语文学科"1+X"课程群。在"1+X"课程群中，"1"是基础性课程，是培养学生终身发展和适应未来社会所需的共同基础；"X"是依托基础课程的学科特点，以及学生的学习需求而延伸开发的拓展课程，主要依据学生不同爱好和潜质，促进他们语文素养的个性发展。

一、学科课程结构

语文学习如生活一样生动真实、多姿多彩，看得见、摸得着，有温度、有感情，因此让语文与生活一样立体是我们的追求。《义务教育语文课程标准（2022 年版）》从识字与写字、阅读、写作、口语交际、综合性学习五个方面，针对不同学段目标提出了具体要求。基于"立体语文"的学科理念和课程目标，我们设置了立体识写、立体阅读、立体写作、立体交际、立体探究等五部分内容，如图 1-3-1 所示。

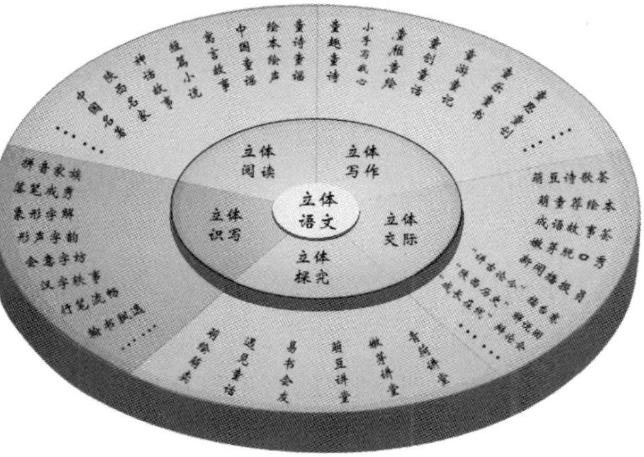

图 1-3-1　西安高新第一小学"立体语文"课程结构

（一）立体识写

立体识写通过有效利用图片、视频和故事，极大地激发了学生识字与写字的积极性、好奇心和求知欲。立体识写精心设计了富有情趣化的活动，创设了开放且充满趣味的识字氛围和空间，从而拓宽了识字与写字的渠道，使学生能够积极参与其中，在乐趣中轻松地学习识字。在整个过程中，立体识写不仅落实了小学各年级的识字与写字要求，还成功地激发了学生识字与写字的兴趣，让他们感受到识字与写字的快乐，进而养成了良好的识字与写字习惯。同时，立体识写还引导学生深入了解汉字的历史，培养他们的爱国情怀和对书法艺术的热爱。立体识写指导学生以规范、整洁、美观的方式书写汉字，并正确运用汉字，旨在提升学生的书写素养和审美素养，进一步拓宽学生的视野，弘扬中华优秀的书法文化传统。

（二）立体阅读

立体阅读以其独特的教学理念，将文本精读与海量阅读紧密结合，通过优化资源延伸与创建多维环境相辅相成的方式，构建了一个丰富、鲜活、立体的阅读环境。立体阅读借助学校社团和全媒体平台，营造了一种轻松、自由、快乐的阅读氛围，从而多层面、多角度地激发了学生的阅读兴趣。在这一过程中，立体阅读课程不仅丰富了学生的语言积累，培养了学生的语感，还推动了学生阅读思维能力的发展。学生在愉悦地享受阅读的过程中,逐渐养成了良好的阅读习惯,增加了阅读的广度和深度,拓展了思维空间,并提升了阅读能力及文学鉴赏能力。

(三)立体写作

立体写作借助现代信息技术,依托互联网平台,巧妙地融合信息技术课与语文教学,传授学生电脑打写技巧及习作训练方法,有效缓解低段学生写字少、写字难的问题,解放学生的双手与思维,实现学生"我手写我心"的表达自由。立体写作还融合了线上与线下写作,将电脑打写与书面写作相结合,通过多样化的习作学习方式,激发学生对文本写作与小说创作的浓厚兴趣,培养他们细心观察的习惯,激发他们的想象力与创造性思维能力,引领他们踏上探索真、善、美的文学创作之旅,让学生沉浸在写作的乐趣之中。同时,立体写作还推行"读写联动"模式,以阅读为基石促进写作能力的提升,实现读写的有机融合,构建出有梯度、有广度、有深度的读写网络体系,为学生的终身发展奠定坚实的基础。

(四)立体交际

立体交际类课程采用多形式、多层次、多角度的方式,为学生精心创设丰富多样的口语交际情境,并提供参与多种口语交际实践活动的机会。它充分发挥学生的主观能动性、创造性和设计性,全面培养学生言语交际所需的心理素质、倾听素养、思维素质、表达素质及应变能力。在这一过程中,学生得以自信、大方、得体、流畅地与他人交流,从而敢于交际、乐于交际、善于交际。

(五)立体探究

立体探究的教学模式将语文学习与社会实践紧密结合,强调知行合一;利用校园内外丰富多彩的语文综合性实践活动,为学生构建了一个自主学习、展示才能、锻炼能力的综合实践平台。在这个平台上,立体探究有效帮助学生掌握自主、合作、探究的学习方式,将语文知识和能力融会贯通。同时,立体探究还注重培养学生的严谨学习态度、良好学习习惯,以及综合表达能力、人际交往能力、搜集信息能力、组织策划能力,特别是探究精神、创新意识和团队合作精神的培养。通过这些实践活动,立体探究不断丰富学生的文化素养,全面提升学生的语文核心素养，为学生的终身发展奠定坚实的基础。

二、学科课程设置

我校语文课程以部编版小学语文教材为载体，设置立体识写、立体阅读、立体写作、立体交际、立体探究五个维度的课程体系，按年级分阶段设计课程，环环相扣；纵向推进，由浅及深，螺旋上升。因此，除了按要求完成十二册语文教材的学习之外，我校根据学生的学习现状及需求，开发了丰富多彩的拓展课程，具体设置见表 1-3-1。

表 1-3-1　西安高新第一小学"立体语文"拓展课程

年级	学期	课程				
		立体识写	立体阅读	立体写作	立体交际	立体探究
一年级	上学期	拼音家族	童诗童谣	童趣童诗（童诗创作）	萌豆诗歌荟	萌绘萌卖
	下学期	笔画王国	绘本绘声	小手写我心（汇编文集）	萌童荐绘本	
二年级	上学期	部首乐园	中国童话	童稚童绘（绘本创作）	萌品自创诗	
	下学期	落笔成秀	外国童话	小手写我心（汇编文集）	接龙故事吧	
三年级	上学期	象形字解小金笔社团（一）	短篇小说小书虫社团（一）	童创童话（童话小说创作和科幻小说创作）	成语故事荟	遇见童话
	下学期	形声字韵小金笔社团（一）	寓言故事小书虫社团（一）		嫩芽脱口秀	
四年级	上学期	会意字坊小金笔社团（二）	神话故事小书虫社团（二）	童游童记（游记）青荷文学社（一）	嫩芽演说家	嫩芽讲堂
	下学期	汉字探源小金笔社团（二）	历史故事小书虫社团（二）		新闻播报员	

注：立体探究列中，一、二年级为"萌豆讲堂"；三、四年级为"嫩芽讲堂"。

续表

年级	学期	课程				
		立体识写	立体阅读	立体写作	立体交际	立体探究
五年级	上学期	汉字轶事 小金笔社团（三）	陕西名家 小书虫社团（三）	童乐童书（校园小说）青荷文学社（二）	"讲古论今"擂台赛	易书会友
	下学期	楷书端庄 小金笔社团（三）	中国名家 小书虫社团（三）		"名家名篇"推荐团	青荷讲堂
六年级	上学期	行笔流畅 小金笔社团（四）	中国名著 小书虫社团（四）	童思童创（社会小说创作）青荷文学社（三）	"陕西历史"解说团	
	下学期	翰书飘逸 小金笔社团（四）	世界名著 小书虫社团（四）		"成长在线"辩论会	

第四节　过完整而立体的语文生活

语文是促进学生全面发展和终身发展的核心课程。我校通过打造"立体课堂"、建设"立体课程"、创建"立体社团"、开启"立体之旅"、繁荣"立体节日"、评选"立体之星"六个方面来落实"立体语文"，努力让学生过完整而立体的语文生活。同时，我们以相应的课程评价为风向标，推进支撑课程变革，彰显课程的内在意义。

一、打造"立体课堂"，推进语文课程有效实施

学校课程实施的主要阵地在课堂，而"立体课堂"是"立体语文"课程实施的主要途径。

（一）"立体课堂"实施与操作

"立体课堂"是人文的课堂，以"一切为了学生，高度尊重学生，全面依靠学生"为宗旨，凸显学生的主体作用。课堂上，"立体课堂"致力于培养学生阳

光自信的性格、大方得体的仪态、引经据典的表达、独立缜密的思考,促进不同层次学生的发展。

"立体课堂"是灵动的课堂,让学生成为学习的主人,让每个学生在自主学习和相互交流中灵动起来,确保他们在学习过程中都能获得生动活泼的成长。

"立体课堂"是激扬生命的课堂,遵循人的成长规律,激发学生的主动性和创造性,激发学生强烈的学习兴趣,让学生健康生活、高效学习。

"立体课堂"是多元的课堂,倡导大问题引领,致力于打造"语文味"浓厚的立体课堂;主张生活处处皆语文,冲破课堂教学的传统模式,让语文贯穿学生的一生;探索"互联网+"时代下的空间学习共同体。

依据语文学科的教学特点,我们将"立体课堂"分为"识字、写字课""阅读指导课""口语交际课""习作指导课""自创作品鉴赏课"五种课型。根据不同课型,我们采用不同框架来实施课堂教学,凸显学生的主体地位,构建学习共同体,促进学生进行自主、合作、探究式学习。以"识字、写字课"为例,课堂教学实施框架包括:合作互读,校正字音;熟读深思,牢记字形;小组共商,掌握字义;全班交流,练写生字;各抒己见,评价提高。

(二)"立体课堂"评价标准

"立体课堂"评价标准遵循教学的客观规律,不断改进评价的方式和方法,有效评价学生,激发学生的内驱力,使学生树立学习的信心,从而促进学生的语文素养得到全面发展。只有使学生在评价中看到自己的进步,真切地感受到成功的愉悦,才能让他们不断地获得前进的动力与勇气。"立体课堂"评价标准见表1-4-1。

表1-4-1　西安高新第一小学"立体课堂"评价标准

评价项目	评价老师的标准	评价学生的标准
前置预习	能设计科学有效的前置作业	1. 有效完成前置作业。 2. 初步掌握知识,有自己的感知与疑问
自主学习	1. 明确自主学习要求。 2. 组织并引导学生参与到自主学习中。 3. 适当给予相应指导	1. 态度端正,认真自学。 2. 对学习内容有创新性的认识。 3. 能够适当地运用勾画、标注等方法开展学习

评价项目	评价老师的标准	评价学生的标准
小组交流	倾听学生发言,并适当点拨,满足不同层次学生的需求	1. 交流过程中善于倾听,尊重他人意见。 2. 交流时大胆表达,合理补充
汇报展示	1. 提出分工要求。 2. 组织引导得当,点拨到位,彰显"以生为本"的教学理念	1. 明确要求,通过合作来寻求解决问题的方法。 2. 紧扣课堂主题,进行讨论、探究,发表自己的看法。 3. 敢于质疑,积极补充他人发言或提出自己的异议
教学效果	转变角色,成为课堂的组织者与促进者	1. 掌握基础知识。 2. 基本技能得到较好的培养。 3. 学习过程转化为自身对知识的内化、理解、感悟和应用的实践过程。 4. 掌握相应的学习方法和要领。 5. 积极参与课堂学习并敢于自信地表达。 6. 有效促进情感、态度、价值观的形成

二、建设"立体课程",丰富语文学科课程

"立体课程"的创建直指语文学科核心素养,以学生的发展需求为出发点,关注学生的发展特点及我校学生的学情,联系生活,挖掘资源,为学生创设语文实践的良好环境,开展多种形式的语文学习活动。

(一)"立体课程"实施与操作

"立体课程"借助活动,发展嵌入类课程。嵌入类课程具有形式多样、时间灵活等特点。我们在晨读、午读、课前 5 分钟等时间开展活动,嵌入实施短小课程;利用"活动周""活动月"等固定时间举办活动,嵌入实施深度课程。

"立体课程"遵循自主选择的原则,以兴趣为导向,以丰富的课程门类、优良的课程品质来吸引有兴趣的学生,着力促进每一个学生的全面发展。

(二)"立体课程"评价标准

"立体课程"将零散的语文学习材料进行统整,重视活动体验,在课程活动中适度拓宽语文学习和运用的领域,激发学生学习语文的浓厚兴趣,促进学生

的自主发展,使学生在高效的课程活动中提升语文素养。西安高新第一小学"立体课程"评价标准见表 1-4-2。

表 1-4-2 西安高新第一小学"立体课程"评价标准

项目	评价内容	评价形式	评价等级 (A—B—C)
理念	能开发有意义的课程内容,满足学生兴趣发展的需求,促进学生之间的互助共进与交往;课程内容具有可学性、迁移性等特点,并能及时调整	看活动方案、学期活动小结等	
设计	拟定以活动为主要实施方法的课程纲要,并根据课程纲要制订一份课程实施计划	看活动记载本中的课程纲要	
实施	1. 能根据教学计划,精心准备教学内容,坚持因材施教,认真指导学生。 2. 课程实施能满足学生兴趣发展的需求,重视学生的个性和特长,能开发出适合学生特点和有利于学生发展的语文课程,重视培养学生的实践能力和创造能力,并受到学生喜爱	看活动记录、学生问卷调查、随机访谈、学生活动感受记录	
评价	按照课程要求制定出个性化的学生评价方案,组织好对学生的发展评价,认真做好评价工作	看评价方案、学生成果展示	
反思	能够根据课程纲要的设计、课程实施和课程评价中的各个环节进行思考,形成有效经验和建议,并积极完善课程内容	个别访谈、查看反思	

三、创建"立体社团",点燃语文学习兴趣

"立体社团"是一个自主、民主的立体场,更是一个合作、创新、成长的共同体。社团活动能激发兴趣、发展特长、挖掘潜能、拓展思维、陶冶情操,为学生语文素养的提升提供有效的帮助。

(一)"立体社团"实施与操作

我校一直致力于语文社团活动课程体系的研发与构建,目前已形成体系化、序列化的发展模式。语文社团有四大分支:青荷文学社——写作提升,小金笔社团——规范书写,小书虫社团——海量阅读,嫩芽演说社团——口语表

达。语文社团活动按学段和年级进行体系化设置,并根据学生的年龄特点和认知水平,分阶段有序开展。

青荷文学社以培养学生核心素养为导向,由学生自主招募社员,自主编辑《青荷小语》社报,自主策划并开展讲座、培训、参观、征文等一系列文学活动,从而激发社员的写作热情,提升他们的写作水平和文学素养。

小金笔社团招募爱好硬笔书法的学生,通过开展写春联、赠书签、听讲座、讲微课等一系列硬笔书法特色活动,提高社员的书写能力,提升他们的审美素养,弘扬中华优秀传统书法文化。

小书虫社团招募热爱阅读的学生,通过为社员推荐好书、举行"小书虫"交流活动,激发他们的阅读兴趣,培养他们的阅读习惯,帮助他们增加阅读量,从而提升他们的阅读能力和文学鉴赏能力,帮助他们开阔视野、陶冶情操、积淀文学底蕴。

嫩芽演说社团招募爱好文学、喜欢朗诵、有演讲和表演才能的学生,通过讲故事、主持、新闻播报、演讲、辩论等形式,为他们搭建一个展现自我、互相切磋、共同学习的舞台。社团致力于让学生愿说、敢说、会说、乐说,从而培养他们的自信心、沟通能力和表达能力,并以此开阔他们的阅读视野,构建语言输入与输出的通道,从而促进学生语文素养的整体提高,实现学科育人的功能。

(二)"立体社团"评价标准

学生社团活动是学生依据兴趣爱好自愿参与,自主组织并开展的活动,是学校综合实践活动课程的重要组成部分。为了进一步加强对学生社团活动的有效管理,充分调动各社团成员的积极性和创造性,为我校打造出一批学生喜爱、特色鲜明的高品位学生社团,实现促进我校学生特长培养与发展的教育目标,推动我校学生社团工作走向制度化、规范化,我们制定了"立体社团"量化评价标准(见表1-4-3)。

表1-4-3 西安高新第一小学"立体社团"评价标准

评定内容	评定项目	评定分数	得分
社团建设 (15分)	有健全的管理制度和奖惩制度	5	
	有社团章程和社徽	5	
	有完善的组织机构	5	

评定内容	评定项目	评定分数	得分
日常活动 （45分）	活动常态化、规范化，活动前有计划，活动后有总结，过程性资料记录翔实	10	
	能在校内外广泛宣传，宣传方式有创意	10	
	社团成员全员参与，活动组织全面、有序	10	
	活动现场井然有序，活动过程互动效果明显	15	
成果展示 （30分）	社团成果展示形式新颖、内容丰富	20	
	具有吸引力、影响力，能吸引更多成员加入社团	10	
非校内 比赛得奖 （10分）	一等奖：按国家级、省级，市级、区级，酌情加分	6～10	
	二等奖：按国家级、省级，市级、区级，酌情加分	4～8	
	三等奖：按国家级、省级，市级、区级，酌情加分	2～6	
	优秀奖或其他：按国家级、省级，市级、区级，酌情加分	1～4	
总分			
备注：85分以上为优秀，71～84分为良好，60～70分为合格，60分以下为不合格			

四、开启"立体之旅"，拓宽语文实践天地

西安古称长安，是丝绸之路的起点。我们利用这一地理和文化优势，引导学生以丝绸之路为纽带，开启"立体之旅"。我们利用一切资源为学生营造浓厚的文化氛围，让他们在多元的环境中通过各种渠道来学习语文，从而使语文教学从封闭走向开放，成为一泓活水。

（一）"立体之旅"实施与操作

一年级到六年级的探究主题以"长安文化"为主线，根据各个年级学生的年龄和心理特点，由易到难，满足不同年龄段学生之间的差异，体现了层次性、阶段性和生成性。活动内容的编排由低年级到高年级，呈简单到复杂的趋势。基于以上认识，我们设置了"立体之旅"课程（见表1-4-4）。

表 1-4-4　西安高新第一小学"立体之旅"课程安排

年级	主题	地点	目的
一年级	寻根长安 ——地名	西安的大街小巷	寻根长安的地名,能简单地为家人讲述自己感兴趣的长安故事,知晓华夏历史,增强爱乡情结
二年级	寻根长安 ——美食	回民街	感受美食文化,能较清晰地讲述长安美食的制作方法、吃法、味道,以及与之有关的故事
三年级	寻根长安 ——古迹	华清宫、大唐芙蓉园、大雁塔、小雁塔、城墙	感受盛唐风情,领略大秦遗风,望烽火岁月,激发爱国情怀。绘制长安古迹线路图,根据路线图当小导游,介绍古迹
四年级	寻根碑林 ——文化	碑林博物馆	欣赏书法大作,感受汉字之美,有兴趣的学生可以模仿
五年级	寻根陕西 ——秦腔	竹苑斋、陕西大剧院	了解秦腔的要素,感受秦腔的艺术美,传承戏曲文化,撰写"长安戏曲文化研究"调查报告
六年级	寻根长安 ——名人	名人故居	了解和讲述名人故事,对自己感兴趣的名人作出评价,认识真实的社会,获得人生启迪,树立远大志向

(二)"立体之旅"评价标准

在"立体之旅"活动中,我们采用多种评价方式,将教师评价与学生自评、互评相结合,小组评价与组内个人评价相结合,书面材料评价与对学生的口头报告、活动展示评价相结合。"立体之旅"课程评价标准见表 1-4-5。

表 1-4-5　西安高新第一小学"立体之旅"评价标准

评价项目	评价要点	评价标准	效果
目的内容 (20分)	目标明确	培养听说读写能力,发展学生个性	
	内容使用	贴近学生生活,丰富学生的直接和间接经验,提高学生的语文综合素养	
	内容综合	能引用多种信息,综合运用语文学科知识	
	难易适度	分量适当,难易适当	

续表

评价项目	评价要点	评价标准	效果
方式、方法（15分）	组织形式	走出校园进行实践并感悟，具体组织形式安排得当	
	活动方法	多法结合，方法得当	
活动过程（30分）	活动要素	具备基本出行要素，有机组合家校配合要素	
	活动步骤	活动准备，活动展开、研究、实践，活动评价总结	
活动效果（35分）	学生自主性	学生在教师指导下自主思考、设计操作和解决问题	
	学生创造性	思路设计新颖，方式方法多样，有一定的活动效果	

五、繁荣"立体语文节"，形成语文精神仪式

每个节日都有一个美妙的故事，蕴含着特别的情趣，营造着浓厚的氛围，不仅激发了孩子对节日的期盼，还通过传统习俗的仪式感，从一定意义上提升了人类追求美好生活的精神境界。每年五月，我校都会举办"语文学科节"活动，进一步创建良好的校园文化，营造浓郁的书香氛围，掀起校园语文学习的新高潮，如名家进校园、个人作品售卖、小作家大讲堂、知识抢答、"小水滴"爱心捐赠等活动。多彩的语文活动体验，不仅丰富了学生的校园生活，发展了学生的特长，展示了学生的风采，还助推课程实施，展现了良好的课程效果，使师生徜徉在语文学习的乐园之中。

（一）"立体语文节"实施与操作

"立体语文节"由小作家大讲堂、自创作品售卖、硬笔书法考级、作家进校园、故事妈妈进课堂、小作协纳新六个板块组成。

1. 小作家大讲堂

小作家大讲堂为小作者、小读者搭建交流平台，营造爱阅读、爱分享、爱写作的校园文化氛围，丰富学生的学习生活，开阔学生的视野，激发学生的灵感，使学生更加热爱文学创作，从而提升学生的文学素养，丰富学生的内涵发展。活动分为前期宣传、班级海选、年级海选、校级决赛四个阶段，其内容有小说创

作交流、文学讲座、名著分享等。

2. 自创作品售卖

自创作品售卖鼓励学生将自己的作品装订成册,填写售卖申请表,经学校审批后正式进入售卖阶段。售卖作品有绘本、文集、小说等多种类型。售卖前,学生根据作品内容及风格设计海报,利用网络、巡讲等多种形式宣传,最后在校园内进行售卖。

3. 硬笔书法考级

我们结合本校学生硬笔书法的实际水平,将硬笔书法等级设置为:初级(铅笔字)、中级(钢笔字1～3级)、高级(钢笔字4～6级)。我们组织学生进行考级测评,聘请书法家依据学校硬笔书法考级标准,对学生的书法作品进行等级评定,并颁发相应证书。

4. 作家进校园

作家进校园邀请著名作家走进校园,与学生近距离接触,分享他们的创作故事、写作经验、成长心得。这种直接对话不仅开阔了学生的视野,还激发了学生的读书和写作兴趣。

5. 故事妈妈进课堂

故事妈妈进课堂邀请热心公益、具备一定讲故事水平的家长走进校园,为学生讲故事,共同阅读经典故事,分享彼此在倾听故事时的感受,使学生沐浴在一个个精彩的故事中,享受阅读的幸福。

6. 小作协纳新

小作协纳新是西安高新第一小学小作家协会组织的活动。该协会隶属于西安高新第一小学,是一个非营利性的、面向少年儿童文学爱好者的学习型组织。该协会每年通过公开招募、自主申报、协会委员评议的形式来审定新会员资格,确定新会员,并通过隆重的仪式为新会员颁发会员证,接纳他们成为新会员。

(二)"立体语文节"评价标准

"立体语文节"评价是保证节日课程活动正常进行的必要手段。要使节日课程活动规范化和科学化,真正促进学生的发展,我们就必须构建合理的评价体系,对节日课程活动的评价应遵循发展性、适宜性、类别性的原则,采用观摩谈话、案例分析等方法及时进行评价。以"自创作品售卖"活动评价为例，具体评价标准见表1-4-6。

表1-4-6 西安高新第一小学"自创作品售卖"活动评价标准

评价项目	评价要点	评价标准	权重	得分
活动目标和内容	目标明确	激发学生的创作热情,锻炼学生的交际能力和经济管理能力	10	
	切合实际	售卖形式符合学生的年龄特征,售卖价格符合学生的经济承受能力	5	
	内容丰盈	自创作品有绘本、文集、小说等多种类型	5	
活动策划和前期准备	全面策划	有详细的策划方案	5	
	宣传到位	宣传方式灵活多样、有创意,能充分调动学生参与的积极性	5	
	准备充分	海报有宣传力,作品质量高	5	
	场地划分	售卖场地划分明确	5	
活动过程	活动组织	活动组织得力,安全有序	10	
	活动步骤	活动过程紧凑,张弛有度	10	
	学生自主性	充分体现自主性,学生能采用各种形式推销作品,推销方式多样,售卖数量可观	20	
活动影响力	校内影响	激发学生的写作兴趣,影响更多人参与"自创作品售卖"活动	10	
	社会影响	宣传学校办学理念,受到社会广泛关注	10	

六、评选"立体之星"，促进个人成长课程发展

"立体之星"旨在突出特长、树立典型、弘扬正气、表彰先进、激励学生，充分发挥先进典型的示范作用，营造争先创优的语文学习氛围。该奖项从学习习惯、学习方法、学习能力，以及家庭、班级和社会的学习氛围等方面，设立了个人和集体的"争优创星"活动。

（一）"立体之星"实施与操作

根据语文素养的要求，为进一步营造良好的书香校园、书香家园氛围，使读书真正成为学生的良好习惯和家长共同的精神追求，学校开展了争"星"活

动,如读书小博士、藏书小博士、书香班级、书香家庭等。争"星"活动分为启动仪式、在线申报、三级选拔、颁奖典礼四个阶段。

学校利用晨会开展启动仪式,制定活动方案,还通过利用广播站、班牌等形式进行广泛宣传。学生根据自己的情况,对照评选标准,进行毛遂自荐并在班网上在线申报。根据在线申报人数和设定的比例,班级进行了海选,择优录取了部分优秀学生。随后,这些优秀学生进入了年级复赛。最后,优秀人才被推荐给学校,参与校级决赛。获得"立体之星"称号的学生名单将在学校大屏幕、班网及班牌上滚动宣传一周。学校将为胜出者举行盛大的颁奖典礼,邀请家长及各级领导参加,让获奖者充分感受到这份殊荣的来之不易和自豪。

(二)"立体之星"评价

1. "读书小博士"评价标准

有较深厚的阅读兴趣和良好的阅读习惯;能在班级或学校发挥模范带头作用;积极参加班级、学校、区、市组织的读书活动,认真阅读学校推荐的必背古诗词和必读书目,经常借阅学校阅览室、班级图书角的图书,并能写具体生动的读后感;读书量大;低年级一学期课外阅读总量不少于60万字,中年级一学期课外阅读总量不少于70万字,高年级一学期课外阅读总量不少于80万字;积极参与市、学校、班级组织的各种读书活动,并至少有1篇作文在校级等比赛中获奖;能学以致用,视野开阔,品德优良。

2. "藏书小博士"评价标准

有良好的读书环境,如拥有书房、书柜、书架、书桌和台灯等读书设施;家中藏书数量应达到一定标准(拥有适合孩子阅读的课外读物超过100册,每年购买新书不少于20册,并至少订阅一种报纸杂志);有明确的读书计划(家长和孩子能共同制订读书计划,并按照计划进行阅读。家长能教育和引导孩子多读书,读好书,读整本书);有一定的阅读时间(保证每周至少有2个小时的亲子共读时间,或确保孩子每天的阅读时间不少于半小时)。

3. "书香班级"评价标准

(1)书香文化建设占40%。每班人均需拥有至少一本适合本年级段阅读的图书,建立符合班级特色的图书借阅制度,并指定专人负责管理。图书应保持整洁。每位学生每学期必须完成规定的必读书目,并能背诵本年级段规定的古诗文。

（2）班级阅读氛围占 30％。各班级应开展具有班级特色的读书活动，确保活动有创意、有成效。同时，学校鼓励图书置换和漂流活动，在班内或年级间建立图书交换站，定期举行图书交换活动，借阅时需要进行登记，并保持较高的流通率。图书角应布置得美观、实用，内容更新要及时。

（3）阅读习惯占 30％。全体学生应展现出对课外阅读的积极热情，积极参与阅读交流，养成每天阅读书报的习惯。学校鼓励学生将读书活动中的精彩片段、好词好句、名人名言、心得体会等记录下来。学生应珍惜和爱护图书，确保借阅图书无丢失。学校应积极开展阅读交流和指导活动，组织有效的读书活动。在规定的阅览课中，教师应积极参与并指导学生阅读。

4. "书香家庭"评价标准

家庭成员均热爱读书活动，养成了良好的阅读习惯；积极开展家庭亲子阅读，每学期至少共同阅读一本书，并确保拥有固定的读书时间与场所。家庭成员爱书藏书，积极订阅报纸杂志。每个家庭根据各自的情况建立"家庭藏书屋"或"家庭书架"，形式自定。若孩子品行表现良好、学业优秀，并且家庭成员的作品在各级各类刊物上发表或在读书竞赛中获奖，将优先考虑。

总之，我们将语文学习与生活紧密结合，实现语文教学与学科育人的有机融合，寓教于学，寓学于乐，以培养儿童语言文字的综合运用能力为目标，同时锻炼他们的思维和创造能力，提升他们的文学审美与鉴赏能力。我们致力于让儿童过上完整且立体的语文生活，并使他们在语言世界中丰富和充实自己的生命。

第二章

E 彩英语:在多彩语言融合中 与世界相拥

英语作为当今世界广泛使用的国际通用语言,是国际交流与合作的重要沟通工具,也是思想与文化的重要载体。"E 彩英语"项目凸显了英语学科的工具性与人文性的双重特性,致力于发展儿童的基本英语素养和综合人文素养。通过构建复合式英语课程框架,如"E 彩纷说""E 彩童读""E 彩悦写""E 彩飞扬"和"E 彩博闻",我们旨在引导儿童开启与世界相遇之旅,培养具有国际视野的世界公民,让儿童在多彩的语言融合中与世界紧密相拥。

西安高新第一小学的英语学科在学校"一品文化"的引领下,以《中国学生发展核心素养》《义务教育英语课程标准(2022 年版)》为导引,将语言学习规律和义务教育阶段学生的发展需求相结合,培养学生初步的综合语言运用能力,促进他们的心智发展,增强跨文化交流的意识与能力,并提升他们的综合人文素养。学校按照"5E"课程规划,围绕英语学科核心素养,成功构建了"E 彩英语"课程体系。

第一节　开启与世界相遇之旅

《义务教育英语课程标准（2022年版）》指出："义务教育英语课程体现工具性和人文性的统一，具有基础性、实践性和综合性特征。学习和运用英语有助于学生了解不同文化，比较文化异同，汲取文化精华，逐步形成跨文化沟通与交流的意识和能力，学会客观、理性看待世界，树立国际视野，涵养家国情怀，坚定文化自信，形成正确的世界观、人生观和价值观，为学生终身学习、适应未来社会发展奠定基础。"

一、学科价值观

英语属于印欧语系，是当今世界使用最广泛的语言之一，是国际交往和文化科技交流的重要工具，也是中国与世界沟通的主要桥梁。学习和使用英语对汲取人类优秀文明成果、借鉴外国先进科学技术、传播中华文化、增进中国与其他国家的相互理解与交流具有重要的意义和作用。

依据《义务教育英语课程标准（2022年版）》的要求，我们认为小学阶段英语课程的首要目的是为儿童发展综合语言运用能力打基础，同时英语课程有利于儿童体验中外文化差异，丰富思维方式，增进国际理解，提高人文素养。我们依托英语课程建设与实践，助力儿童开启与世界相遇之旅，让儿童在多彩语言融合中与世界相拥。

二、学科课程理念

英语作为全球使用最广泛的语言之一，是文化的载体、沟通的钥匙和交流的纽带。英语课程为儿童创造在真实语境中运用语言的机会，通过体验、实践、参与、探究与合作等方式，发展他们的基本英语素养和综合人文素养。基于这样的认识和理解，我们构建了"E彩英语"课程体系，助力儿童在多彩语言融合中与世界相拥。

"E彩英语"中的"E"代表愉悦的(enjoyable)、可体验的(experience)英语课程(English),"彩"代表丰富多彩的英语学习方式及异彩纷呈的英语活动。通过实施这一课程体系,我们旨在让儿童在愉悦中学习,在体验中成长,并在丰富多彩的英语学习活动中竞相绽放。在语言学习的过程中,"E彩英语"课程体系以国家教材为基础,借助英语梯度阅读,培养儿童的文化意识,增强他们的文化自信。我们可以通过英语实践活动来提升儿童的英语综合运用能力;通过搭建复合式"E彩英语"课程架构,将学科中的语言、文化、思维与情感相融合,使语言学习成为儿童打开世界之窗的魔法钥匙。在发展儿童英语学科核心素养的过程中,我们助力他们成为具有中国情怀、国际视野的现代人,开启炫彩人生。

英语的课程目标是"E彩"的。"E彩英语"课程注重英语学习的工具性和人文性,在发展儿童综合语言运用能力的同时,旨在培养具有中国情怀和国际视野的世界公民。

英语的课程内容是"E彩"的。"E彩英语"课程体系包含"E彩纷说""E彩童读""E彩悦写""E彩飞扬"和"E彩博闻"五个子课程群,旨在通过搭建全新的复合式的小学英语课程架构,为儿童创设科学、系统的英语学习平台。我们以"E彩英语"课程理念为核心,让儿童在愉悦的体验中积极参与学习,并在异彩纷呈的英语活动中精彩绽放。

英语的课程实施是"E彩"的。"E彩英语"课程通过"E彩课堂""E彩社团"和"E彩活动"来全面实施。英语学习不仅发生在课堂上、课本中,还会延伸到广泛的阅读中、与同伴的合作交流中、社团俱乐部的活动中,以及丰富多彩的英语综合活动中。"E彩英语"为儿童搭建平台,让他们在情境中学英语、在活动中使用英语、在社团中提高英语水平;将知识与情感相融合、思维发展与实践运用相结合,让儿童在愉悦的体验中学习英语,助力每一个儿童在英语学习活动中精彩绽放。

英语的评价方式是"E彩"的。"E彩英语"通过对教学过程和结果进行及时有效的监控,起到对教学的积极导向作用;将学校评价、教师评价、儿童自主评价、同伴互评和家长评价有效结合,实现评价主体多元化、评价形式和内容多样化、评价目标多维化。这一评价方式突出了儿童的主体地位,发挥了儿童在评价过程中的积极作用,既关注学习过程,又重视学习结果。

第二节 培养具有国际视野的世界公民

《义务教育英语课程标准（2022年版）》中指出，义务教育阶段英语课程的总目标是通过英语学习促使学生形成初步的综合语言运用能力，促进思维发展，提高文明素养和社会责任感。"E彩英语"课程体系在此基础上，更注重在大量的阅读和异彩纷呈的活动中，培养学生的文化自信，培养具有中国情怀、国际视野的世界公民。

一、学科课程总目标

义务教育英语课程体现工具性和人文性的统一，具有基础性、实践性和综合性特征。就工具性而言，英语课程承担着培养学生基本英语素养的任务，即学生通过英语课程掌握基本的英语语言知识，发展基本的英语听说读写技能，形成用英语与他人交流的能力。就人文性而言，英语课程承担着提高学生综合人文素养的任务，即学生通过英语课程能够开阔视野，丰富生活经历，增强跨文化意识，激发创新思维，形成良好的品格和正确的价值观。"E彩英语"课程体系依据《义务教育英语课程标准（2022年版）》的要求，并结合我校实际校情和学情，将学科总目标设定为二级目标和阅读素养目标。

（一）二级目标

学生们能够对英语学习保持兴趣；能够用简单的英语进行问候，并交换关于个人、家庭和朋友的基本信息；能够根据所学内容进行小对话或演唱歌谣。在图片的辅助下，学生能够听懂、读懂并讲述简单的故事。此外，学生们还能根据图片或提示书写简单的句子。在学习的过程中，学生们能积极参与、乐于合作，并主动寻求帮助，也乐于了解不同国家的文化和习俗。

（二）阅读素养目标

在英语教学过程中，我们应该聚焦英语学科的核心素养，在提升学生语言能力的同时，注重学习能力、文化品格及思维品质的全方位融合，推动学科整合,并强调培养"完整人"。阅读能够使人拓宽视野,丰富心灵,并激发想象力。英语阅读是实现核心素养的重要途径,其教学过程就是核心素养渗透和形成的过程。"E彩英语"课程的特色之一是"E彩童读"梯度阅读课程,即低段自然拼读、中段故事阅读、高段经典阅读,旨在发展学生的英语阅读素养。阅读素养体现的是一个人整体的阅读表现,因此我们应从发展人、培养人的角度出发来开展阅读活动。"E彩英语"课程不仅关注学生阅读能力的培养,还重视学生阅读品格的塑造。我们将致力于为学生打造优质的阅读体验,帮助他们养成良好的阅读习惯。

二、学科课程年级目标

根据《义务教育英语课程标准(2022年版)》的要求,并结合"E彩英语"课程的理念,我们将课程总目标细化为各年级的具体目标,以三年级为例见表2-2-1。

表 2-2-1　西安高新第一小学"E彩英语"课程三年级目标

学期	单元	课程目标
上学期	第一单元	1. 共同要求。 (1)能听懂、会说句型 Good morning! Good afternoon! This is...Nice to meet you,并能在情境中运用句型互致问候和介绍他人。 (2)能听、说、认读单词 red, green, yellow, blue, black, brown, white, orange,通过观赏与主题相关的视频来加深对颜色词汇的学习和记忆。 (3)能正确听、说、读、写字母 Aa, Bb, Cc, Dd,并知道其在单词中的发音。 (4)了解彩虹的颜色组成及色彩组合的相关知识。 2. 校本要求。 (1)能与同伴合作设计出独一无二的色彩图画,并运用本单元主题语言进行交流与分享。 (2)能够熟练朗读并理解绘本 Key Presto, The Little Dragon,并能利用思维导图复述故事
	第二单元	1. 共同要求。 (1)能听懂、会说句型 Look at me. This is my/the/a/an... 能在图片、实物或情境的帮助下运用该句型介绍身体部位。 (2)能听、说、认读单词 ear, eye, nose, mouth, face, head, hand, arm, body, leg, foot,能够建立单词音—义—形之间的联系,整体学习单词。

学期	单元	课程目标
上学期	第二单元	（3）能正确听、说、读、写字母 Ee，Ff，Gg，Hh，并知道其在单词中的发音。 （4）培养爱护身体部位、积极锻炼的意识。 2. 校本要求。 （1）能动手完成手工制作，运用所学语言进行小组展示、交流和分享。 （2）能熟练朗读并理解绘本 *New Trees*，*Up and Down*，并能利用思维导图复述故事
	第三单元	1. 共同要求。 （1）能听懂、会说句型 What's this?/that? It's...Cool! I like it. 能在图片、实物或情境的帮助下运用句型询问并回答动物名称，表达赞美或欣赏。 （2）能听、说、认读单词 duck，pig，cat，bear，dog，elephant，monkey，bird，tiger，panda，zoo，并能模仿动物（动作还是叫声？），了解关于动物的拟声词。 （3）能正确听、说、读、写字母 Jj，Kk，Ll，Mm，Nn，并知道其在单词中的发音。 （4）培养学生热爱动物、保护动物的意识。 2. 校本要求。 （1）能运用本单元主题语言，创编关于动物的谜语或小故事。 （2）能熟练朗读并理解绘本 *The Big Egg*，*The Hole in the Sand*，并能利用思维导图复述故事
	第四单元	1. 共同要求。 （1）能听懂、会说句型 I'm hungry. Have some... I'd like some... Can I have...? Here you are. 能在图片、实物或情境的帮助下运用句型。 （2）能听、说、认读单词 bread，juice，milk，egg，water，cake，fish，rice，了解中西方餐食的异同。 （3）能正确听、说、读、写字母 Oo，Pp，Qq，Rr，Ss，Tt，并知道其在单词中的发音。 （4）能够在用餐过程中礼貌交流，尊重不同的饮食习惯。 2. 校本要求。 （1）能熟练运用本单元主题语言，通过小组合作进行用餐情景剧的表演。 （2）能熟练朗读并理解绘本 *Poor Floppy*，*The Baby-Sister*，并能利用思维导图复述故事

学期	单元	课程目标
上学期	第五单元	1. 共同要求。 （1）能够听懂、会说并能在实际情境中运用句型，如 I'm hungry. Have some...I'd like some...Here you are. Thank you. /Thanks. You're welcome. 等。 （2）能够听、说、认、读一系列与食物相关的单词，如 bread, juice, egg, milk, water, cake, fish, rice, hamburger, hot dog, chicken, French fries 等。 （3）能正确听、说、读、写字母 Oo, Pp, Qq, Rr, Ss, Tt，并了解这些字母在单词中的发音。 （4）能够通过比较中西方饮食文化的异同，拓宽国际视野。 2. 校本要求。 （1）能运用本单元主题语言，创编有关去朋友家做客的情景短剧。 （2）能熟练朗读并理解绘本 *Poor Floppy*, *The Baby-sitter*，并能利用思维导图复述故事。
	第六单元	1. 共同要求。 （1）能听懂、会说句型 How many...? Five. Happy birthday! How old are you? I'm...years old. 并能在实际情境中运用句型。 能听、说、认读单词 one, two, three, four, five, six, seven, eight, nine, ten，了解不同国家的幸运数字。 （3）能正确听、说、读、写字母 Uu, Vv, Ww, Xx, Yy, Zz，并知道其在单词中的发音。 （4）了解中西文化中谈论年龄话题的差异。 2. 校本要求。 （1）能运用本单元主题语言，创编关于英文数字的歌谣。 （2）能熟练朗读并理解绘本 *Kipper's Balloon*, *Spots*，并能利用思维导图复述故事
下学期	第一单元	1. 共同要求。 （1）能听懂、会说句型 Where are you from? I'm from...He's/ She's a... 并能在情境中运用句型介绍自己及他人。 （2）能听、说、认读单词 China, Canada, the UK, the USA, he, she, teacher, student（pupil）；通过学习国家名称，了解中国和主要英语国家的国旗及标志性建筑物。 （3）知道元音字母 a 在单词中的发音，并能根据其发音规律拼读学过的语音例词。 （4）学会与他人交流和沟通个人信息，学习对人有礼貌的好行为。 2. 校本要求。 （1）能运用本单元主题语言，创编情景短剧。 （2）能熟练朗读并理解绘本 *Poor Old Rabbit*, *I Can Trick a Tiger*，并能利用思维导图复述故事

续表

学期	单元	课程目标
下学期	第二单元	1. 共同要求。 （1）能听懂、会说句型 Who's that man/woman? She/he is my...Is he/she your...? No, he/she isn't. This is my... 并在情境中运用句型介绍并谈论家庭成员。 （2）能听、说、认读单词 father, mother, man, woman, grandmother, grandfather, 并与他人交流家庭成员信息。 （3）知道元音字母 e 在单词中的发音，并能根据其发音规律拼读学过的语音例词。 （4）培养爱家、关爱家庭成员的情感。 2. 校本要求。 （1）能绘制家谱，并运用本单元主题语言进行交流介绍。 （2）能熟练朗读并理解绘本 *Floppy and the Bone*，*A Cat in the Tree*，并能利用思维导图复述故事
	第三单元	1. 共同要求。 （1）能听懂、会说句型 It is tall/short... It has... 能在图片、实物或情境的帮助下运用句型描述动物。 （2）能听、说、认读单词 tall, short, fat, thin, big, small, long, giraffe, so, children, tail。 （3）知道元音字母 i 在单词中的发音，并能根据其发音规律拼读学过的语音例词。 （4）具有热爱动物、保护动物的意识。 2. 校本要求。 （1）能运用本单元主题语言，创编关于动物的谜语或小故事。 （2）能熟练朗读并理解绘本 *Nobody Wanted to Play*，*On the Sand*，并能利用思维导图复述故事
	第四单元	1. 共同要求。 （1）能听懂、会说句型 Where is...? It's in/on/under...Is it in/on/under...? Yes, it is. /No, it isn't. 能够在图片、实物或情境的帮助下，运用句型询问物品位置并回答。 （2）能听、说、认读单词 desk, chair, in, on, under, cap, ball, boat, map。 （3）知道元音字母 o 在单词中的发音，并能根据其发音规律拼读学过的语音例词。 （4）养成自己收拾书包和玩具的好习惯。 2. 校本要求。 （1）鼓励学生积极探索，在游戏中激发学生英语学习的兴趣，并培养学生的英语思维能力。 （2）能熟练朗读并理解绘本 *The Duck Race*，*The Mad bath*，并能利用思维导图复述故事

续表

学期	单元	课程目标
下学期	第五单元	1. 共同要求。 （1）能够听懂、会说句型 Do you like...? Can I have some...? 能在情境中灵活、自然地运用句型。 （2）能听、说、认读单词 apple, pear, banana, orange, watermelon, grape, strawberry，初步了解名词复数的用法。 （3）知道元音字母 u 在单词中的发音，并能根据其发音规律拼读学过的语音例词。 （4）知道吃水果对健康有益。 2. 校本要求。 （1）能自主设计表格，调查家人或朋友喜欢的水果。 （2）能熟练朗读并理解绘本 Sniff, Adam goes shopping，并能利用思维导图复述故事
	第六单元	1. 共同要求。 （1）能够听懂、会说句型 How many... do you see? I see... How many... do you have? I have... 能询问看到物品的数量并回答。 （2）能听、说、认读单词 eleven, twelve, thirteen, fourteen, fifteen, sixteen, seventeen, eighteen, nineteen, twenty，知道英文数字 13～19 的构词规律。 （3）知道元音字母 a, e, i, o, u 在单词中的发音规律，并能根据其发音规律拼读学过的语音例词。 （4）能够逐步做到见词能读、听音能写。 2. 校本要求。 （1）能够运用所学数词知识进行猜谜、计算等游戏活动。 （2）能熟练朗读并理解绘本 Mosque School, Yasmin and the Flood，并能利用思维导图复述故事

第三节　建构复合式英语课程框架

　　"E 彩英语"是我校"5E"课程体系中"全语言课程"的重要组成部分。根据《义务教育英语课程标准（2022 年版）》的要求，"E 彩英语"课程搭建了"E 彩纷说""E 彩童读""E 彩悦写""E 彩飞扬""E 彩博闻"5 个二级课程群，并根据年级特点和学情，形成了 30 个三级课程群。这些课程旨在面向全体儿童，构建复合式英语课程体系，为儿童的综合语言运用能力奠定坚实的基础，同时提升他们的整体人文素养。

一、"E彩英语"学科课程结构

"E彩英语"致力于让儿童在多彩的语言天地中释放光芒。依据《义务教育英语课程标准(2022年版)》的要求,"E彩英语"课程以英语学科核心素养和"E彩课程"理念为指导,从工具性和人文性两个角度来设置英语课程的总目标。该课程力求面向全体儿童,为儿童发展综合语言运用能力奠定坚实的基础,并重视儿童语言能力、学习能力、文化品格、思维品质等素养的培养与发展。基于"E彩英语"的学科理念和课程目标,"E彩英语"课程从畅听E说、畅想E读、畅思E写、畅怀E演、畅闻E言5个维度,搭建了课程群,建立了工具性和人文性相结合的素养课程体系,如图2-3-1所示。

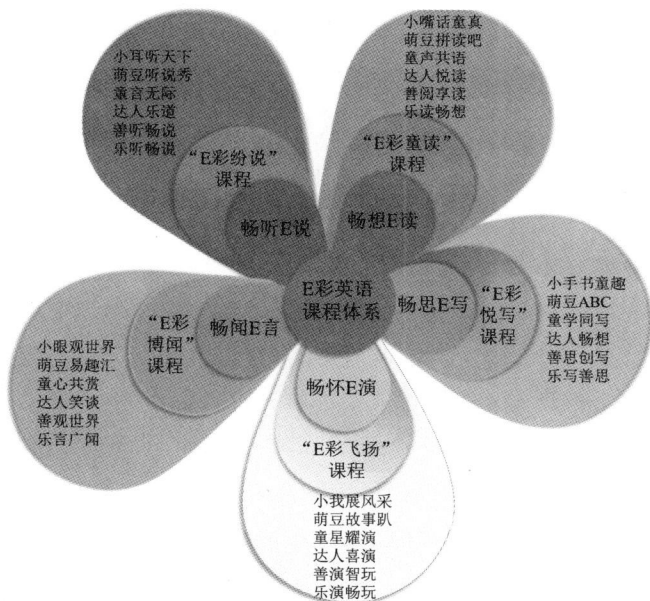

图2-3-1　西安高新第一小学"E彩英语"课程框架

(一)"E彩纷说"

"E彩纷说"依据《义务教育英语课程标准(2022年版)》的要求,着重体现英语听说内容的广泛性和多样性,旨在引导学生在多种情境和主题下,通过不同媒介进行英语语言的学习、交流和表达,从而提升他们的语言技能。课程内容设置充分考虑到学生的身心发展特点,采用循序渐进、逐步深入的方式。学生的英语表达能力从最初模仿录音进行简单交流,发展到在熟悉的话题下进行流畅沟通,并能讲述简单的小故事。通过多样化的学习方式、丰富的课程资源和精彩的英语活动,"E彩纷说"让学生在享受英语学习的过程中逐步提升听说能力,实现从低段的英语游戏、听唱活动到高段英文演说的过渡,全面促进学生综合语言运用能力的发展。

(二)"E彩童读"

"E彩童读"依据《义务教育英语课程标准(2022年版)》的要求,以听读为主要教学方式,以《攀登英语阅读系列•有趣的字母》《攀登英语阅读系列•神奇字母组合》绘本和《典范英语》系列故事教材为教学内容,并在每年级增设自读内容。经过一系列的筛选,我们依据儿童的年龄特点和兴趣,选择适合他们的绘本,实现精细化分年级阅读。1~2年级的《攀登英语阅读系列》绘本,从字母发音练习到字母组合发音练习,为儿童打下坚实的英语语音阅读基础;三年级的《典范英语》则以趣味故事激发儿童兴趣,使儿童在奇幻、有趣的故事中习得知识、拓宽思维,同时保留儿童的童真、童乐,有效提升他们的阅读能力和表达水平。

(三)"E彩悦写"

"E彩悦写"依据《义务教育英语课程标准(2022年版)》的要求:"正确使用大小写字母和常用的标点符号;使用简单的称谓语、问候语和告别语与他人进行得体的交流;能用简单的语句描述图片内容。""E彩悦写"课程针对不同年级分设不同目标,符合小学1~6年级学生的身心发展特点。该课程由浅入深,逐层递进,分别开设了小手书童趣、萌豆ABC、童学同写、达人畅想、善思创写和乐写善思6门课程。各年级书写学习内容呈螺旋式上升结构,使读写有机结合,形成有梯度、有广度、有深度的读写网络体系,为学生的终身发展奠定基础。

(四)"E彩飞扬"

"E彩飞扬"依据《义务教育英语课程标准(2022年版)》的要求,强调英语学习要联系中外文化差异,并通过玩和演的方式,使儿童在真实或半真实的语言环境中自然习得语言。该课程通过说唱英文歌曲或歌谣、做与英语教学紧密相关的游戏、表演课本剧和经典话剧、自编英语小短剧等多种形式,有效激发儿童学习英语的兴趣,并为他们提供丰富多样的学习元素。我们期望儿童在"畅"玩和"畅"演中,尽情地展现自我,实现视觉、听觉、情感等语言因素的有机统一;同时培养儿童的审辨思维能力和高阶批判性思维能力,有效提高我校儿童的课堂参与度,活跃我校的英语课堂教学氛围。

（五）"E彩博闻"

"E彩博闻"依据《义务教育英语课程标准(2022年版)》中关于视听方面的具体要求,采用视听作为主要的教学方式,以绘本视频、英文动画、英文报刊、英文歌曲、英文电影、时事新闻等材料作为教学内容,在引导儿童进行朗读、模仿、配音、评析鉴赏、表演和辩论的过程中,不仅为儿童提供了鲜活、立体、多维的语言材料,培养了他们的观察、记忆、思维、想象能力和创新精神,还为他们的终身学习和发展奠定了良好的基础。我们希望儿童通过丰富的视听体验,逐渐形成国际视野,并具备跨文化交际的能力。

二、"E彩英语"课程设置

我校英语课程以人教版小学英语教材为载体,以《攀登英语阅读系列·有趣的字母》《攀登英语阅读系列·神奇字母组合》《典范英语》系列故事教材为拓展教学内容,并在每个年级增设自读内容;在引导儿童进行朗读、模仿的过程中,实现英语课程的目标。课程设置畅听E说、畅想E读、畅思E写、畅怀E演、畅闻E言5个维度,按年级、分阶段设计教学内容,环环相扣,纵向推进,由浅及深,呈螺旋上升的趋势。因此,除了按要求完成英语教材学习任务之外,我校根据儿童学习现状和需求,开发了丰富多彩的拓展课程,具体设置见表2-3-1。

表2-3-1 西安高新第一小学"E彩英语"拓展课程

年级	学期	课程				
		E彩纷说	E彩童读	E彩悦写	E彩飞扬	E彩博闻
一年级	上学期	小耳听天下	小嘴话童真	小手书童趣	小我展风采	小眼观世界
	下学期	小耳听天下	小嘴话童真	小手书童趣	小我展风采	小眼观世界

续表

年级	学期	课程				
		E彩纷说	E彩童读	E彩悦写	E彩飞扬	E彩博闻
二年级	上学期	萌豆听说秀	萌豆拼读吧	萌豆ABC	萌豆故事趴	萌豆易趣汇
	下学期	萌豆听说秀	萌豆拼读吧	萌豆ABC	萌豆故事趴	萌豆易趣汇
三年级	上学期	童言无际	童声共语	童学同写	童心耀演	童心共赏
	下学期	童言无际	童声共语	童学同写	童心耀演	童心共赏
四年级	上学期	达人乐道	达人悦读	达人畅想	达人喜演	达人笑谈
	下学期	达人乐道	达人悦读	达人畅想	达人喜演	达人笑谈
五年级	上学期	善听畅说	善阅享读	善思创写	善演智玩	善观世界
	下学期	善听畅说	善阅享读	善思创写	善演智玩	善观世界
六年级	上学期	乐听畅说	乐读畅想	乐写善思	乐演畅玩	乐言广闻
	下学期	乐听畅说	乐读畅想	乐写善思	乐演畅玩	乐言广闻

第四节　成就竞相绽放的 E 彩学子

　　"E彩英语"课程是具有融合性的课程体系。该课程遵从英语学习的人文性、工具性、实用性和趣味性等原则,依托螺旋状的内容设计,以立体、丰盈、多元、有趣的英语课堂为主要实施途径,通过"E彩课堂""E彩课程""E彩社团"和"E彩活动"4个方面,达到培养儿童善表达、创思维、养心智、阅世界的目的。同时,我们将借助课程实施与评价机制,全面助力E彩学子精彩绽放。

一、建构"E彩课堂",推动课程有效实施

　　学校课程实施的主阵地在课堂。因此,"E彩课堂"是"E彩英语"课程实施的主要途径,而课堂评价则对"E彩课堂"的高效实施起到助推作用。

（一）"E彩课堂"的实践与操作

"E彩课堂"是面向全体学生的。在教学中，我们坚持以学生为本，注重个体差异，致力于为学生发展综合语言运用能力、提高整体人文素养打下坚实的基础。

"E彩课堂"是注重语言实践的。"能用英语做事情"是英语课程的基本目标要求，旨在培养学生的综合语言运用能力。在教学中，我们通过创设贴近实际生活的各种语境，并运用循序渐进的语言实践活动，培养学生用英语做事情的能力。

"E彩课堂"是注重学生自主学习能力培养的。发展有效的学习策略是英语课程的重要目标之一。在教学中，我们整体规划学习策略的发展目标，有计划、有步骤地指导学生掌握并应用具体的学习策略，从而将学生培养成具备自主学习能力的学习者。

"E彩课堂"是注重培养跨文化意识和能力的。由于语言与文化紧密相连，在教学中，我们重视语言和语用中的文化因素，引导学生了解中外文化的异同，并创设尽可能进行真实的跨文化交际情境，让学生在体验跨文化交际的过程中逐步形成跨文化交流能力。

（二）"E彩课堂"评价标准

"E彩课堂"评价以促进学生发展为根本目标，通过评价为师生提供有效的反馈信息，进而优化教与学的内容和方法。我们淡化甄别选拔功能，突出诊断和激励功能，主要从教学目标、教学设计、教学过程和教学效果等方面进行评价（见表2-4-1）。

表2-4-1 西安高新第一小学"E彩课堂"评价标准

项目	评价标准	评价结果			
		A	B	C	D
教学目标	1. 教学目标明确且具体，符合课程标准的要求和儿童实际。 2. 注重语言运用能力和创新意识的培养，激发儿童的求知欲。 3. 将思想教育融于英语教学之中，注重中西方文化的渗透				

续表

项目	评价标准	评价结果 A	B	C	D
教学设计	1. 准确把握教学内容,能灵活处理教材。 2. 善于利用和开发教材,创造性地使用教材。 3. 教学容量和难度适合儿童的学习水平				
教学过程	1. 结构严谨且合理,层次清楚,过渡自然,符合学生的知识基础和认知特点。 2. 教学方法恰当且有效,活动形式多样且有趣,能熟练运用多种教学媒体手段辅助教学。 3. 能在具体的语境中培养学生的语言运用能力。 4. 突出学生的主体地位,确保学生全员、全程、有效参与课堂活动,同时发挥教师的指导作用,确保师生活动比例合理。 5. 各层次学生均能在学习中获得成长,学习兴趣浓厚,思维活跃,敢于表达,乐于参与课堂活动				
教学效果	1. 学生课堂参与面广。 2. 能很好地完成教学任务,达到预期的教学目标。 3. 能落实语言技能的有效训练,使各层次学生均有所提高。 4. 学生乐于使用英语进行小组交流或分享。 5. 课堂教学有创新或独到之处				

二、开发"E彩课程",丰富学科课程内涵

基于"E彩英语"的课程理念,我们以学生的学习兴趣为导向,以学情分析为基石,将学校在课程设计、课堂教学、社团活动等方面的零散研究进行整合与改进,从而有效融合国家课程和校本课程,构建出能够推动学生全面发展的多领域、多层次、多元化、校本化的英语学科课程群。通过"E彩课程"的多元开发与评价,我们充分发挥英语学科课程群的综合优势,实现学生对英语语言的深度学习。

(一)"E彩课程"实践与操作

1. "E彩纷说"课程灵动演绎

通过开展"小耳听天下""萌豆听说秀""童言无际""达人乐道""善听畅说""乐听畅说"6级课程,提升小小演讲者的口语表达能力,并培养观众听的能力。同时,该课程借助丰富的语言素材引导学生对演讲内容进行讨论、辩论

等口语训练,从而充分激发他们参与英语课堂的积极性。

2. "E彩童读"课程齐头并进

语言是生活中实现信息传递的重要工具,而学生的英语学习水平直接体现在他们的阅读能力上。依据英语学科的课程理念、课程目标和课程设置,结合我校实际情况和师生特点,我们为1~2年级学生引入了《攀登英语阅读系列•有趣的字母》和《攀登英语阅读系列•神奇字母组合》作为共读书目,为3~6年级学生选择《典范英语》作为补充阅读材料,确保"课上阅读限时训练,课下阅读持续进行"。

3. "E彩悦写"课程多元开展

写作能力是评价儿童英语综合素养的重要方面,课程标准也对英语写作提出了明确要求。在"E彩悦写"课程体系下,为了激发儿童对英语写作的兴趣,我们根据儿童的年龄特点和单元主题,选择儿童感兴趣的话题,引导他们进行故事创编或续写,创造多模态学习方式,以提高儿童参与学习的主动性和积极性。

4. "E彩飞扬"课程玩学结合

该课程遵循儿童的成长规律,旨在激发儿童的主动性、自主性和创造性,并通过表演活动来提升儿童的英语应用能力。在教学过程中,我们利用舞台形式为儿童设定场景,引导儿童模仿角色,按照角色设定进行思考、行动和体验,并通过换位思考来生动诠释角色的思想和心理,从而培养儿童对英语的综合运用能力。在这种玩演结合的学习模式中,儿童能够将理论知识转化为实践能力,在保持兴趣的同时做一个自信的学习者。

5. "E彩博闻"课程多元渗透

该课程以视听为主要教学方式,以绘本视频、英文动画、英文报刊、英文歌曲、英文电影、时事新闻等材料为教学内容。针对1~6年级学生,该课程开设了"小眼观世界""萌豆易趣汇""童心共赏""达人笑谈""善观世界"和"乐言广闻"6级课程。在教学过程中,我们借助丰富的英语语言资源,引导儿童进行朗读、模仿、配音、评析鉴赏、表演和辩论等活动,全方位、立体地促进儿童英语综合能力的发展。

（二）"E 彩课程"评价标准

"E 彩课程"旨在提升英语课程的品质,让课程更贴近学生的学习需求。我们从理念、目标、实施、资源、效果等方面对整个课程群进行综合评价(见表 2-4-2)。

表 2-4-2　西安高新第一小学"E 彩课程"评价标准

课程名称		
评价类别	评价内容和标准	评价等级(A-B-C)
课程理念	1. 学校课程落实国家英语课程标准。 2. 课程目标符合儿童实际。 3. 培养儿童的创新意识,提升儿童的英语"听说读写看"技能	
教师理念	1. 了解"E 彩英语"课程的理念。 2. 体现新的课程观、教学观、学生观和评价观	
课程目标	1. 学习目标紧扣学段目标,设定合理、清晰且明确。 2. 知识目标、能力目标和情感目标均设定得具体。 3. 关注儿童学习需求的差异	
课程实施	1. 课程框架清晰、内容完善、层次分明、准备充分。 2. 内容启发性强,能充分体现主题教学与意义的建构。 3. 体现多元智能在语言课程中的运用。 4. 支持其他智力类型的发展。 5. 体现文化与语言的紧密联系。 6. 学习思维和学习方式得到培养	
课程资源	1. 创造性地使用教材。 2. 教学资源丰富,学习渠道多样	
课程效果	1. 教与学实现科学交互,达到预设目标。 2. 儿童体验丰富,注重生成和实践。 3. 引导儿童主动观察、发现、思考和表达。 4. 帮助儿童发挥自身学习风格的优势	
亮点		
存在问题		
改进建议		

三、创设"E 彩社团"，激发英语学习兴趣

为满足我校课外英语学习的需求，同时为学生提供英语语言实践和自我发展与展示的平台，我校成立了"E 彩话剧社团"（Happy Melody）、"E 彩广播社团"（Fancy Radio）、"模拟联合国社团"（GXYX MUN）和"E 彩剧场"（Amazing Mike），并将其纳入校本课程体系中。我们将梯度教学方式与多元化过程性评价相结合，旨在让每个热爱英语的学生拥有精彩绽放的舞台去展示自己。

（一）"E 彩社团"实施与操作

"E 彩话剧社团"（Happy Melody）旨在为学生创造机会，以助其张扬个性并放飞梦想。该社团以话剧创编和排练的生本课堂为主体，通过话剧表演为学生搭建展示自我能力的平台。该社团的老师为学生量身设计了"我型我秀""今日好莱坞""Let's show"等丰富的课程栏目。社团还根据学生的年龄段和爱好分设启蒙班、进阶班和高阶班。活动内容涉及中国传统成语故事、英文剧、国外经典儿童剧目、热点话题、道德故事等。

"E 彩广播社团"（Fancy Radio）旨在为学生创造机会，以助其"播"动世界并共享精彩。该社团致力于丰富校园文化生活，激发学生的英语学习热情，并提升学生的综合素质。该社团以播音为基础，开展主持与朗诵双能力提升的特色教学模式，涉及轻松驿站、文化俱乐部、广播剧、向往的旅行等内容。每周三和周五，社团将组织广播录制、英文朗诵、英语动画赏析、英文电影配音、我是小小演说家、歌曲赏析等一系列有梯度的活动。

"模拟联合国社团"（GXYX MUN）旨在为学生创造机会，以助其放眼世界并手握未来。该社团旨在开阔学生视野，激发学习潜能，培养学生的合作与领导能力。社团通过整合道德与法治、信息技术、地理历史等学科内容进行授课，不仅开阔了学生的国际视野，还让他们掌握了常用的文理知识。未来，社团计划进一步结合艺术学科，陶冶学生的艺术情操；结合数学学科，培养学生的计算和分析能力；结合信息学科，提升学生的计算机思维能力；结合艺术学科，陶冶学生的艺术情操。

"E 彩剧场"（Amazing Mike）旨在为学生创造机会，以助其走出课堂并亲近口语。"E 彩剧场"以课本为基础，以表演为媒介，秉持以学生为主体的理念，

通过多样化的课程内容设置,满足学生的个体差异和多样化发展需求。在轻松愉快的表演环境中,"E彩剧场"不仅帮助学生熟记课本内容、巩固语言点,还通过表演与创编的形式,潜移默化地将语言知识融入学生生活,从而激发学生的学习兴趣,丰富学生的语言知识,综合提高学生的英语学习品质。

我们的社团课程既有趣,又富有创造性,可以让学生在自我实现的成就感中感受到学习的乐趣。社团课程为学生提供了全方位、沉浸式的语言环境,旨在启蒙学生的语言天赋,使英语学习变成享受的旅程。

(二)"E彩社团"评价标准

"E彩社团"作为课堂的重要补充和课程的关键组成部分,其评价环节在整体教育过程中同样具有举足轻重的地位。在设计和实施评价时,我们重视过程性评价,关注学生的全面发展。在学生的展示、分享、赏析、比赛等环节中,我们观察学生的学习风格和阶段性成长,并同时关注他们的情感态度与思维品质。因此,社团活动的有效评价将为学生英语核心素养的提升提供有力支持。西安高新第一小学"E彩社团"评价见表2-4-3。

表2-4-3 西安高新第一小学"E彩社团"评价标准

评价项目	评价标准	评价结果			
		优+	优	良	待提高
表演内容	创意独特 内容丰富 紧扣主题				
语音语调	发音标准 语调自然 情感投入				
服装道具	精心设计 制作精良 有效辅助				
合作能力	默契配合 分工明确 团队精神				
整体表现	节奏把控 台风稳健 观众互动				

续表

评价项目	评价标准	评价结果			
		优+	优	良	待提高
情感把握	情感真挚 层次分明 自然流露				
综合评价	整体水平高 能持续进步 社会认可高				

四、开启"E 彩活动"，丰富英语学习生活

围绕"E 彩英语"，我校始终秉承以活动促发展、以活动激兴趣、以评价提效能的宗旨，通过活动与评价相结合的方式，致力于培养学生的核心素养。

（一）"E 彩活动"实践与操作

"春之灵"E 彩秀（Enjoy English）作为英语课程的品牌活动，以"人人参与、人人快乐"为宗旨，为全校学生搭建了一个丰富多彩的舞台。"春之灵"活动紧扣"春"的主题，通常在每年春季举行。该活动历经节目筹备、班级海选、年级海选、校级海选、彩排、决赛，直至最后的集中展示，全方位、立体式地展现了我校学生在英语综合运用能力方面的风采。该活动通过"静态"与"动态"相结合的展现方式，为学生提供了一个充满朝气和梦想的英语舞台。

"动·静"缤纷 E 彩展（Colorful English）是指每学年各年级分别举办的"动·静"英语活动。在上学期，各年级会举办动态活动展；而在下学期，则会举办静态活动展。除了传统项目外，静态展还会根据当下热点话题，结合我校各年级学生的学情，制作系列手工作品或小报进行展示。各年级会结合学生的年龄和学情开展不同形式的活动。通过这些丰富多彩、动静结合的学科活动，我校旨在激发学生的语言兴趣，帮助他们树立自信心，形成一定的综合运用能力和角色表演能力。同时，这些活动有助于学生了解世界和中西方文化的差异，开阔他们的视野，培养他们的爱国主义精神，帮助他们形成健康的人生观，为他们的终身学习和发展奠定坚实的基础。

E 彩特色活动（Enrich the experience）包括绘本共读和时事热点两个部分。

绘本共读活动每学期在各年级展开,鼓励学生"共读一本书",旨在培养学生爱阅读的学习习惯。1~2年级的学生设计"我眼中的故事"绘本封面,3~4年级的学生制作故事绘本,5~6年级的学生则以海报形式续写故事。在课前5分钟,学生们轮流展示,这不仅增强了学生学习英语的兴趣,还提高了他们的语言综合运用能力。时事热点部分则是结合当前时事热点话题,以"西安"和"中国"为主线,结合地方特色和中华优秀传统文化,编撰小报或绘制图画书,如西安美食、大美西安、秦岭情、中国传统节日等。

(二)"E彩活动"评价

评价是课程的重要组成部分,既需要相对应的评价标准和多元化的评价方法来确保综合活动的有效开展,又是实现综合活动目标的重要保障。因此,在开展综合活动的过程中,我们始终坚持实施多元化的评价,综合评估学生的语言能力、文化品质、情感态度和学习能力等(见表2-4-4)。

表2-4-4 西安高新第一小学"E彩活动"评价

评价内容	评价人		
	学生自评	教师评价	家长评价
语音			
语调			
内容			
表达			
舞台表现			
情感把握			
学生参与度			
活动规模			
活动推广面			
奖项设置			

英语学科团队从开启与世界相遇之旅、培养具有国际视野的世界公民、建构复合式英语课程框架、成就竞相绽放的E彩学子4个角度全面阐述了"E彩英语"课程体系。依据《义务教育英语课程标准(2022年版)》的要求,

"E彩英语"课程注重英语工具性和人文性的统一。根据西安高新第一小学"与世界灿烂相遇"的课程理念和"5E"（encyclopedic，everyone，experience，enjoyable，educational）课程框架，"E彩英语"以"E"和"彩"为课程理念，旨在让学生在愉悦中体验，在丰富多彩的英语学习活动中成就竞相绽放的E彩学子，使他们成长为具有中国情怀和国际视野的世界公民，使他们在多彩语言融合中与世界相拥。

第三章
灵动数学：让儿童的灵性得以自由舒展

  数学是思维的体操，灵动是数学的魅力所在。"灵动数学"贴近儿童实际，顺应儿童天性，关注数学建构的全过程；让儿童在充足的时间与空间里经历观察、实验、计算、辨析、类比、探究等活动，理解数学知识的生成，构建严谨的数学思维，领悟深邃的数学思想，形成必备的数学品质。"灵动数学"使儿童能够用数学的眼光观察现实世界，用数学的思维思考现实世界，用数学的语言表达现实世界，从而让儿童的灵性得以自由舒展。

  西安高新第一小学的数学学科在学校"一品文化"的引领下，以《中国学生发展核心素养》和《义务教育数学课程标准（2022年版）》为导引，以激发数学学习兴趣为宗旨，以开发数学思维为核心，将数学教育与儿童身心发展规律相结合，探索科学、立体的教育途径，成功构建了"灵动数学"课程体系。该课程体系通过多彩的课程，让儿童与数学相遇，引导他们经历有意义的数学学习过程，从而深刻地感受数学的价值与魅力。这一过程不仅使儿童善于思考、乐于探究，还能培养他们的创新能力，激发他们的灵性。

第一节　灵动是数学的形态

《义务教育数学课程标准（2022 年版）》指出："数学是研究数量关系和空间形式的科学……数学是自然科学的重要基础，在社会科学中发挥着越来越重要的作用，数学的应用渗透到现代社会的各个方面，直接为社会创造价值，推动社会生产力的发展。"由此可见，数学是推动一切科学技术发展的重要基础。

一、学科价值观

《义务教育数学课程标准（2022 年版）》指出："数学在形成人的理性思维、科学精神和促进个人智力发展中发挥着不可替代的作用。"数学课程注重发展儿童的抽象能力（包括数感、量感、符号意识）、运算能力、几何直观、空间观念、推理意识、数据意识、模型意识、应用意识和创新意识，让儿童体会数学知识之间、数学与其他学科之间、数学与生活的联系，使其能够运用数学思维方式独立思考、学会思考，为其走向社会打下丰厚的基础。

我们从儿童立场出发，以儿童终身发展为根本，依托数学课程建设，并结合学校实际，将培养数学核心素养巧妙地融入课堂、活动和社团之中。我们为儿童精心准备直观、有趣、可操作的素材，确保他们在充足的时间与空间里，能够尽情地进行观察、实验、计算、类比、探究和分析。通过这样的方式，儿童的天性在玩与思的数学活动中得到充分释放，从而深入理解数学知识的生成过程，构建严谨的数学思维，领悟深刻的数学思想，并形成必备的数学品质。这一过程将持续激发儿童的思考与创造力，使数学成为他们终身发展的有效动力。最终，儿童的灵性在"玩与思"中得以舒展，智慧得以不断增长。

二、学科课程理念

数学是思维的体操，是一切科学的基础。数学不仅是严谨周密的，还是灵活敏锐的。当儿童的灵性在数学中自由舒展时，学习便变得生动而富有意义。因此，我们提出了数学课程的核心概念为"灵动数学"，旨在将数学的严谨敏锐与儿童的奇思妙想相融合,尊重儿童特有的灵性,让儿童在有目的、有设计、有层次的推进中建构深层理解,变得更加灵慧生动。同时,我们也希望数学的形态能够灵动多变,让儿童的灵性在数学学习过程中不断迸发。

(一)"灵动数学"呵护儿童的好奇心

遵循儿童爱探究、好玩乐、喜有趣、乐表现的天性,"灵动数学"课程通过数学魔术、数学绘本、数学趣题、数学游戏等内容,让数学变得亲切、有温度,同时不失其深度。"灵动数学"课程使儿童能够学会思考、勇于探索,乐于提问、善于合作,精于辨析、勤于反思,不仅帮助他们积累丰富的数学活动经验,还使他们对数学保持长久的探究兴趣,并乐于深入思考与研究。

(二)"灵动数学"发展儿童的创新思维

"灵动数学"将儿童思维能力与创新能力的培养贯穿于教育全过程。通过问题驱动的方式,我们精选素材,引导儿童在问题提出、方案设计、探究验证、结论分析、应用推广的过程中,经历假设、猜想、类比、尝试、归纳等活动,从而积累丰富的数学活动经验,建构数学模型。这一过程旨在不断激发儿童的创造能力,使其呈现出更多的数学成果,实现"自由呼吸"的学习状态。

(三)"灵动数学"追求儿童的个性发展

教育应该充分尊重和理解儿童。"灵动数学"充分尊重儿童的个性差异,深入理解儿童独特的思想,用变化的眼光观察每一位儿童,将封闭、被动、个体、静态的学习方式转变为开放、主动、集体、动态的表达,使儿童能够基于数学素材,将思维表达与数学思考巧妙连接。这样,儿童能够有情趣地玩数学,有乐趣地学数学,有智趣地悟数学,从而在玩中展现灵性,在思考中领悟真谛。

第二节　感受数学的价值与魅力

通过义务教育阶段的数学学习,儿童逐步学会用数学的眼光观察现实世界,学会用数学的思维思考现实世界,学会用数学的语言表达现实世界(简称

"三会")。

（1）儿童能获得适应未来生活和进一步发展所必需的数学基础知识、基本技能、基本思想、基本活动经验。

（2）儿童能体会数学知识之间、数学与其他学科之间、数学与生活之间的联系,并在探索真实情境所蕴含的关系中发现问题和提出问题,运用数学和其他学科的知识与方法分析问题和解决问题。

（3）儿童能对数学具有好奇心和求知欲,了解数学的价值,欣赏数学的美,激发学习数学的兴趣,树立学好数学的信心,养成良好的学习习惯,形成质疑问难、自我反思和勇于探索的科学精神。

一、学科课程总体目标

依据《义务教育数学课程标准（2022 年版）》的要求,我们从知识技能、数学思考、问题解决和情感态度 4 个方面提出了"灵动数学"课程建设的总目标。

（一）知识技能

经历数与代数的抽象、计算、建模、运用等过程,儿童将掌握小学阶段必备的数学基础知识与基本技能。经历图形的抽象、分类、运动变化等过程,儿童将掌握平面图形和立体图形的基础知识与基本技能。通过尝试从实际问题中收集数据、自主整理、分析数据,并利用数据进行推理,儿童将掌握统计与概率的基础知识与基本技能。同时,儿童将积极参与综合实践活动,运用数学知识解决实际问题,从而积累丰富的数学活动经验。

（二）数学思考

在观察、对比、实验、猜想、验证等活动中,儿童将发展推理意识,并能够清晰地表达自己的见解。同时,儿童将培养数感、空间观念和符号意识,初步形成几何直观能力和运算能力。在统计活动中,儿童将发展数据意识。此外,儿童还将学会独立思考,并体会转化、一一对应、数形结合等基本的数学思想。

（三）问题解决

儿童应学会从数学的角度发现和提出问题,发展分析问题和解决问题的能力;在与他人交流的过程中,体验多样化的问题解决策略,发展创新意识。

（四）情感态度

儿童应该积极参与数学活动,对数学保持好奇心和探究欲;在探究数学的过程中,体验成功的快乐,锻炼意志,树立自信;体会数学的价值,形成严谨求实、理性思辨的科学态度。

知识技能、数学思考、问题解决、情感态度4个方面密切联系,相互交融,共同构成数学教育的目标体系。这些目标旨在展现数学的严谨性,激发儿童的思考热情,培养他们的探究精神和创新能力,为他们的终身发展奠定坚实的基础。

二、学科课程年级目标

依据《义务教育数学课程标准(2022年版)》、数学教材和教学用书,我们对各学段每一个单元的教学目标进行了系统梳理,并将上述总体目标细化为具体的年级目标。以三年级为例,我们制定了以下年级目标(见表3-2-1)。

表3-2-1　西安高新第一小学"灵动数学"课程三年级目标

学期	单元	课程目标
上学期	第一单元	1. 共同要求。 （1）在解决现实问题的过程中,经历抽象出混合算式的过程,理解混合运算(两步计算)的运算顺序和意义,体会混合运算与生活的密切联系。 （2）能初步学会借助直观图等工具,分析、表示数量关系;会用分步列式或者综合列式解决实际问题,体验多样化的问题解决策略;能有条理地叙述自己的思考过程,逐步积累经验,提高解决问题的能力。 （3）体会"先乘除后加减"的合理性,理解小括号在混合运算中的作用,掌握混合运算的运算顺序,能进行简单的整数混合运算(两步);激发运用数学知识解决实际问题的兴趣。 2. 校本要求。 （1）结合生活实际,用乘、除、加、减等多步混合运算解决问题。 （2）学会巧填运算符号及从结果入手思考问题,培养逻辑思维能力
	第二单元	1. 共同要求。 （1）经历观察、想象和验证,认识到从不同位置观察物体,其形状会有所不同;从一个方向观察,最多可见3个面;能辨识实物、照片和直观图中不同角度的物体形状。

学期	单元	课程目标
上学期	第二单元	（2）在观察、想象、猜想、验证等活动中,初步发展合情推理意识及空间想象力,形成初步的空间观念。 （3）在与他人合作观察和交流的活动中,能清楚地表达自己的思考过程和结果,体验观察和想象的乐趣,积累观察物体的活动经验。 2. 校本要求。 （1）能从4个不同方向观察物体的形状,正确辨认不同方向的形状图。 （2）在游戏中探索正方体相对、相邻面上的数字,形成初步的推理意识
	第三单元	1. 共同要求。 （1）在分析和解决实际问题的过程中,进一步体会连加和连减运算的意义,感受连加、连减、加减混合运算在实际生活中的应用。 （2）会借助简单的直观图等分析和理解数量关系,能运用三位数连加、连减和加减混合运算解决生活中的实际问题,能有条理地表达自己的思考过程,逐步积累提出、分析、解决问题的经验。 （3）经历与他人交流各自算法的过程,掌握三位数连加、连减和加减混合运算的方法,并能正确计算,逐步养成认真倾听、勇于表达、反思质疑、细心计算、及时验算的学习习惯。 2. 校本要求。 （1）掌握多位数加减法的巧算方法,能运用加减运算的常用性质进行巧算。 （2）利用倒推法解决加减法中的错中求解问题,培养推理意识及运算能力
	第四单元	1. 共同要求。 （1）经历一位数乘除两位数口算方法的探索过程,通过与他人交流算法的活动,初步感受计算方法的多样性,提高计算的灵活性,逐步发展运算能力,初步养成善于倾听、勇于表达、反思质疑的良好习惯。 （2）掌握整十、整百、整千数乘一位数,两位数乘一位数（积在百以内）,以及整十、整百、整千数除以一位数,两位数除以一位数的口算方法,能正确计算。 （3）在解决实际问题的过程中,提高运用乘除法知识解决问题的能力,进一步感受乘除法知识在现实生活中的广泛应用。 2. 校本要求。 （1）学会运用画图法表示和倍关系中的两个量,准确分析数量关系,解决问题。 （2）通过观察算式,找出规律,培养观察能力,发展思维的条理性

学期	单元	课程目标
上学期	第五单元	1. 共同要求。 （1）结合具体实物或图形,通过观察、操作、比较、归纳等学习活动,认识周长,理解周长的实际含义,初步建立周长的概念。 （2）能选择合适的方法测量出简单图形的周长,探索并掌握长方形、正方形和其他多边形周长的计算方法,并能正确计算。 （3）结合具体情境,运用计算图形周长的方法解决实际生活中的简单问题,感知图形知识与实际生活的密切联系。 2. 校本要求。 （1）能利用平移、割补、拼接的方法计算简单组合图形的周长。 （2）通过解决实际问题,体会长方形周长与长、宽之间的关系,能够灵活运用所学知识解决实际问题
	第六单元	1. 共同要求。 （1）在解决实际问题的过程中,进一步体会乘法的实际意义,感受乘法计算在生活中的广泛应用,激发学习数学的兴趣。 （2）探索并掌握两位数和三位数乘一位数的计算方法,能正确进行竖式计算;经历与他人交流各自算法的过程,体验算法的多样化,并能选择适合自己的计算方法。 （3）能运用乘法的有关知识解决生活中的简单实际问题,进一步提高解决实际问题的能力。 2. 校本要求。 （1）在探索三位数乘一位数"竖式谜"的过程中,学习用推理的方法解决问题,培养思维的条理性和严密性。 （2）掌握简单的乘除巧算方法,提高运算能力
	第七单元	1. 共同要求。 （1）结合已有的生活经验,认识年、月、日,了解它们之间的关系,了解平年和闰年;会看日历,能够从日历中找到指定的日期,认识24时计时法,并能计算简单的经过时间。 （2）会看简单的作息时间表,能根据作息时间表中呈现的信息解决简单的实际问题。 （3）在交流活动中,初步体会合理安排时间和惜时守信的重要性。 2. 校本要求。 （1）探索日历中的学问,能用字母表达简单的数量关系与规律。 （2）探索日历中的数量关系,能解决简单的与时间有关的实际问题,增强应用意识

续表

学期	单元	课程目标
上学期	第八单元	1. 共同要求。 (1) 以元、角、分和常用的长度单位为背景,初步理解小数的意义,感受小数与实际生活的密切联系。 (2) 学会认、读、写简单的小数,能比较简单小数的大小,会计算简单的小数加减法,会运用小数表示日常生活中的商品价格;经历与他人合作和交流解决问题的过程,逐步学会独立思考问题,能表达自己的想法。 2. 校本要求。 (1) 基于人民币、长度等现实背景,能熟练进行有关一位小数的加减运算。 (2) 用小数知识解决有关的实际问题,进一步发展独立解决实际问题的能力
下学期	第一单元	1. 共同要求。 (1) 经历平均分物的过程,探索并掌握两位数和三位数除以一位数的计算方法,知道 0 除以任何不是 0 的数都得 0,进一步理解除法竖式计算的道理,感受除法与生活的密切联系。 (2) 结合解决实际问题的过程,正确计算两位数和三位数除以一位数;理解并掌握连除和乘除混合运算的运算顺序,并能正确计算。 (3) 经历观察、操作、推理等活动过程,提高解决相关除法问题的能力;能结合具体情境进行估算,进一步发展估算的意识和能力。 2. 校本要求。 (1) 联系实际理解周期问题,运用有余数的除法解决简单的实际问题。 (2) 在探索除法和乘除混合运算计算方法的过程中,培养独立思考的意识,逐步养成验算的习惯
	第二单元	1. 共同要求。 (1) 借助折一折、看一看等操作活动,体会轴对称图形的特征;认识轴对称图形,能用折纸的方法找出对称轴;能直观判断出轴对称图形。 (2) 通过观察升国旗、转风车等现象,感知平移、旋转运动;能直观判断出平移和旋转运动,能辨认简单图形平移后的图形。 (3) 经历分析轴对称图形特征和观察物体平移、旋转运动的过程,发展空间想象能力;在剪纸等实践操作活动中激发学习数学的兴趣和好奇心。 2. 校本要求。 (1) 经历观察、操作、交流等活动,找出简单平面图形的全部对称轴。 (2) 利用观察与折叠的方法,寻找折叠后图形的规律,发展学生的空间观念

续表

学期	单元	课程目标
下学期	第三单元	1. 共同要求。 （1）结合具体情境,探索两位数乘两位数的计算方法,经历交流算法的过程,理解算理。 （2）掌握两位数乘法的计算方法,解决简单的实际问题。 （3）初步养成认真计算、仔细检查的学习习惯。 2. 校本要求。 （1）在探索两位数乘两位数"竖式谜"的过程中,学习用推理的方法解决问题,培养思维的条理性和严密性。 （2）掌握简单的乘除巧算方法,提高运算能力
	第四单元	1. 共同要求。 （1）结合具体情境,了解各种称重工具,认识质量单位克、千克、吨,感受 1 克、1 千克、1 吨的实际质量。 （2）掌握克、千克、吨之间的关系,并能进行简单的换算。 （3）结合生活实际,解决与克、千克、吨有关的简单实际问题,感受质量单位在实际生活中的广泛应用。 2. 校本要求。 （1）通过一系列的实践活动,感受质量单位的实际大小,能正确应用。 （2）通过天平游戏,理解等量代换的意义,学会用等量代换的思想解决问题
	第五单元	1. 共同要求。 （1）结合实例与比较图形大小的实际操作过程,体会面积的含义。 （2）结合实例,体会统一面积单位的必要性,认识平方厘米、平方分米、平方米等面积单位,掌握它们之间的进率关系。 （3）探索并掌握长方形和正方形的面积计算方法,能解决有关长方形和正方形面积计算的实际问题。 2. 校本要求。 （1）能利用割补、拼接的方法计算简单组合图形的面积。 （2）在比较面积大小、推导面积计算公式等过程中养成独立思考、勇于探索的习惯
	第六单元	1. 共同要求。 （1）结合具体情境和直观操作,初步理解分数的意义,能读、写分数,会比较两个简单分数的大小。 （2）能解决简单的实际问题,探索并掌握同分母分数(分母小于 10)的加减运算,并能对结果的实际意义作出解释。 （3）在用分数表示事物的过程中体会学习分数的价值。 2. 校本要求。 （1）能正确运用分数表示简单组合图形中阴影部分占整体的几分之几。 （2）能结合图形比较异分母(分母小于 10)分数的大小

学期	单元	课程目标
下学期	第七单元	1. 共同要求。 (1)经历简单的数据收集和整理过程,了解调查和收集数据的简单方法。 (2)初步学会用画图方法整理数据,能用自己的方式(文字、表格、画图等)呈现整理数据的结果。 (3)能对数据进行简单分析,体会运用数据进行表达与交流的作用,感受数据蕴含的信息,解决简单的实际问题。 (4)在整理数据的过程中,初步养成认真仔细的习惯。 2. 校本要求。 (1)掌握收集数据的不同方法,能结合实际情况选择恰当的方法。 (2)尝试绘制象形统计图,并进行数据分析,解决与统计有关的简单实际问题

年级目标的明确设置,使"灵动数学"课程建设始终有纲可循、有据可依,高屋建瓴地为课程体系架构提供了依据。

第三节 因数学而焕发灵动的光彩

遵循儿童的发展特点及学习需求,我们基于"灵动数学"课程目标的要求,从基础课程入手,开发拓展课程,通过丰富、立体的课程内容,使儿童在数学中展现出灵动的光彩。

一、学科课程结构

依据《义务教育数学课程标准(2022年版)》和儿童的认知特点,我们围绕数与代数、图形与几何、统计与概率、综合与实践四大领域的课程目标,构建了"灵动数学"课程结构,如图3-3-1所示。

(一)灵机巧算课程对应"数与代数"领域

该板块的主要内容包括:数的认识、数的表示、数的大小比较、数的运算和数量的估计,字母表示数、代数式及其运算,方程、方程组、不等式、函数等。该板块旨在培养儿童的数感,在深入理解运算算理的基础上,提升儿童的运算能

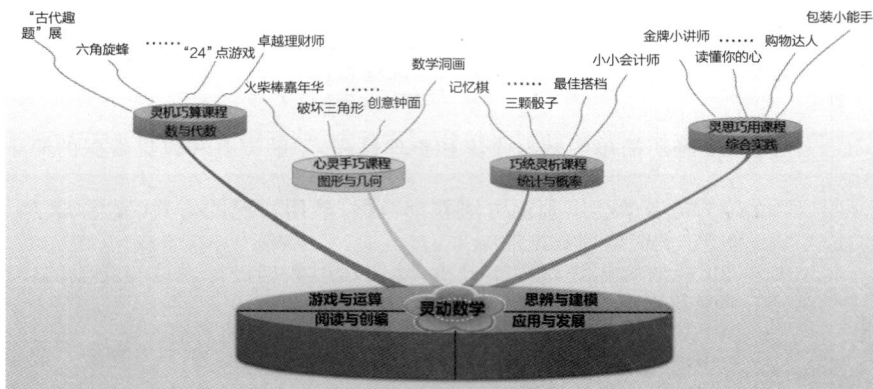

图 3-3-1　西安高新第一小学"灵动数学"课程结构

力;初步构建模型思想,培养符号意识,掌握运用合理且简洁的运算方法解决问题的能力。为此,我们开设了"六角旋蜂""趣拼百数表""'24'点游戏""达·芬奇生日密码""寻找编码""卓越理财师""听算通关大比拼"等课程。

(二)心灵手巧课程对应"图形与几何"领域

该板块的主要内容包括:图形的性质、分类和度量,图形的平移、旋转、轴对称、相似和投影,平面图形基本性质的证明,运用坐标描述图形的位置和运动。该板块旨在让儿童经历图形的抽象、分类、变化、位置确定等过程,掌握图形与几何的基础知识和基本技能,初步建立空间观念,形成几何直观能力,发展形象思维与抽象思维能力。为此,我们开设了"火柴棒嘉年华""图形魔力拼""数学洞画""魔幻万花尺"等课程。

(三)巧统灵析课程对应"统计与概率"领域

该板块的主要内容包括:收集、整理、描述和处理数据,从数据中提取信息并进行简单推断,探究简单随机事件及其发生的概率。该板块注重让儿童经历在实际问题中收集、处理数据及利用数据分析问题的过程,发展儿童的数据意识与推理意识。为此,我们开设了"我的房间我做主""三颗骰子""小小会计师""摸球游戏"等课程。

(四)灵思巧用课程对应"综合与实践"领域

该板块的主要内容包括:综合运用"数与代数""图形与几何""统计与概

率"等领域的数学知识和方法解决现实问题。该板块旨在培养儿童应用有关知识解决实际问题的能力,培养他们的问题意识、应用意识和创新意识,积累活动经验。为此,我们开设了"金牌小讲师""不可能的三角形""包装小能手""魔力方块"等课程。

二、学科课程设置

围绕数学学科的四大领域,"灵动数学"课程既有覆盖整个小学阶段的长线课程,又有以一学年为阶段的短线课程,还有小而精的微型课程;课程形式既有系统知识学习和专题报告学习,又有社会实践与探究体验学习,充分满足儿童的需求,支持儿童全面发展(见表 3-3-1)。

表 3-3-1　西安高新第一小学"灵动数学"课程设置

年级	学期	灵机巧算课程		心灵手巧课程		巧统灵析课程		灵思巧用课程	
		课程名称	课程内容	课程名称	课程内容	课程名称	课程内容	课程名称	课程内容
一年级	上学期	神机妙算	六角旋蜂	图形探究	火柴棒嘉年华	生活分类	我的房间我做主	生活实践	金牌小讲师
	下学期		趣拼百数表		玩转数独		神奇的木棍绳		创意拼搭
二年级	上学期	妙算巧胜	巧过数阵	巧手智创	智闯华容道	决胜千里	记忆棋	人小鬼大	魔力方块
	下学期		"24"点游戏		创意钟面		身边的统计		购物达人
三年级	上学期	妙算神谋	达·芬奇生日密码	巧拼智测	寻找折纸侠	分条析理	最佳搭档	奇趣魔力	数学游戏大串烧
	下学期		身边的小数		数学洞画		安排的学问		不可能的三角形
四年级	上学期	智算决胜	"古代趣题"展	数形魅力	破坏三角形	运筹帷幄	粗心的叔叔	小才大用	九连环大赛
	下学期		寻找编码		图形魔力拼		三颗骰子		读懂你的心

年级	学期	灵机巧算课程		心灵手巧课程		巧统灵析课程		灵思巧用课程	
		课程名称	课程内容	课程名称	课程内容	课程名称	课程内容	课程名称	课程内容
五年级	上学期	数算应用	卓越理财师	数形结合	创意轴对称	公平战略	最坏的运气	智巧解析	连线五子棋
	下学期		浑水摸币		果园里的蚂蚁		小小会计师		包装小能手
六年级	上学期	巧思妙算	听算通关大比拼	数形巧解	魔幻万花尺	理性思辨	反弹高度实验	趣味实验	我的旅行我做主
	下学期		百变魔方		创意设计		摸球游戏		思维导图助复习

第四节　有意义的数学学习历程

"灵动数学"课程从"灵动课堂""灵动课程""灵动社团""灵动节日""灵动探究"等方面推进实施,使儿童能够经历一段有温度、有意义的数学学习历程,体验数学学习的乐趣,从而构建富有思维张力、智慧张力和文化张力的数学课程体系。

一、构建"灵动课堂",提升数学学科课程品质

"灵动数学"课程实施的主要途径是"灵动课堂"。"灵动课堂"追求儿童思维的深度发展,注重让儿童经历数学学习过程,从而打造乐学、善思的课堂。

(一)"灵动课堂"实施与操作

"灵动课堂"致力于打造"数学味"浓厚的生本课堂,遵循教育规律和儿童成长规律,坚持以儿童为主体,通过自主、合作、探究的学习方式,在大问题的引导下,使儿童能够深入数学研究本身,完整经历数学学习过程。

"灵动课堂"鼓励深度思考,让探索走出课堂,让思考无边界;以"趣"为主线,以"思"为核心,鼓励儿童勤于思考、勇于实践、大胆创新,在乐学的过程

中,不断发展问题意识、质疑意识、求异意识、创新意识。

"灵动课堂"强调动态生成,注重引导儿童在课堂上进行思维碰撞。在这一理念的指导下,教师课前会进行精心预设,课上则不拘泥预设,合理地处理预设与生成的关系,使课堂富有灵性,彰显智慧。

"灵动课堂"遵循"情境引入,激发兴趣;自主探索,建立模型;方法延伸,应用实践;大显身手,拓展提升"的基本流程,展现知识的背景、产生和应用过程,促进儿童自主参与探究和交流。

(二)"灵动课堂"评价标准

"灵动课堂"的教学评价包括:是否设定了科学且准确的教学目标,是否实现了"学思结合"的教学过程,是否采用了多样且灵动的教学方法,是否实施了动态发展的教学评价,以及是否达到了高效互促的教学效果(见表3-4-1)。

表 3-4-1 西安高新第一小学"灵动课堂"评价标准

评价内容	一级指标	二级指标	评价等级			
			A	B	C	D
科学且准确的教学目标(10分)	目标设置	教学目标明确、具体、可观测、可评价,对重点、难点的处理符合学生的认知规律				
	层次划分	体现知识与技能、过程与方法、情感与态度、能力与素质目标				
"学思结合"的教学过程(40分)	参与状态	学生思维活跃、积极主动,能够通过多感官体验,愉快地获得新知				
	思维状态	重视大问题引领,注重启发深度思考,使学生善于思考,敢于质疑				
	自主状态	关注学生主体,使他们能独立思考、自主探究,有想法、有方法。				
	合作状态	组织有序,人人有分工、有合作;学生能清晰地表达自己的观点,耐心地听取别人的意见				
多样灵动的教学方法(20分)	教法优化	教法设计合理,教学方式多样				
	学法指导	指导学法得当,体现自主学习、探究学习、合作学习等多种学习方式				

评价内容	一级指标	二级指标	评价等级			
			A	B	C	D
动态发展的教学评价（15分）	评价方式	评价方式多样,充满激励、关怀、导向				
	评价主体	教师、学生（互评、自评）				
	评价策略	在不同的目标领域中选用不同的方法进行评价				
高效互促的教学效果（15分）	目标达成	实现教学目标,引导学生基本掌握所学知识,使不同层次的学生都能有所发展				
	学生发展	培养学生的数学思维、实践能力和情感态度,使他们能解决现实生活中的简单问题				
	方法运用	掌握研究问题的方法,形成有效解决问题的策略				
总评						

二、建设"灵动课程",丰富数学学科课程内涵

"灵动课程"根据儿童的年龄特点、学校学情打造内容丰富的课程群,旨在挖掘潜能、开拓思维、发展特长。

（一）"灵动课程"实践与操作

"灵动课程"从数学学科本质出发,构建了彼此连接、相互呼应、各具特色的课程群。通过整合课程间的主题,我们打造了基于儿童思维发展、多维提升的课程体系。

"灵动课程"立足目标,涵盖数学学科的四大领域,精心设置了"灵机巧算""心灵手巧""巧统灵析""灵思巧用"四大课程体系,并根据不同学段和年级进行序列化开展。

（二）"灵动课程"评价标准

"灵动课程"的评价着重于发展性和激励性功能,旨在激发学习动力、挖掘潜能、优化学习策略,以推动学生的全面学习和持续发展（见表3-4-2）。

表 3-4-2 西安高新第一小学"灵动课程"评价

项目	评价内容	评价形式	评价等级
理念	课程设置注重提升学生的思维能力和创新能力，满足学生的个性化发展需求	看活动方案、活动小结等	☆☆☆☆☆
设计	根据课程纲要制订课程实施计划	看活动记载中的课程纲要	☆☆☆☆☆
实施	1. 根据课程计划，有步骤、有过程地开展活动。 2. 重视探索过程，不断提升学生的问题意识和创新意识。 3. 在实践中不断反思、调整，开发思维课程	看活动记录、学生问卷调查、随机访谈	☆☆☆☆☆
评价	制订个性化评价方案，关注可持续发展	看评价方案，看学生成果展示	☆☆☆☆☆
反思	对实施的各环节进行反思，总结经验，提出建议，积极完善	个别访谈、查看反思	☆☆☆☆☆

三、创设"灵动社团"，发展数学学科兴趣爱好

"灵动社团"面向全体学生，旨在为他们提供优质的社团教育与体验，从而助力其数学核心素养的提升。

（一）"灵动社团"实践与操作

"灵动社团"通过提供阅读、实验、创意游戏等多元化的社团课程，从知识到思维、从内涵到品质，多角度、多维度地培养学生的数学素养和人格品质。

"灵动社团"打破了传统的班级模式，构建了个性化的数学社团。根据课程内容，"灵动社团"面向不同年级招募成员，以确保活动效果，既提升了社团活动的质量，又拓宽了学生的数学视野。

"灵动社团"的实施既有详细的计划，又有周密的方案，将集中授课与课外实践紧密结合。"灵动社团"中的竞技性项目鼓励全员参与，通过层层选拔，以小组 PK 赛、班级挑战赛、年级争霸赛等形式展开；非竞技性项目同样鼓励全员参与，为成员提供展示平台，如通过班级展示、年级巡回展演、网络平台展示等多种形式来展现成果。

"巧读社团"专注于数学阅读，根据儿童的年龄特征，精选数学历史故事、

数学生活小趣题和数学绘本为主要内容,通过创新形式来开展与教学内容同步的个人阅读和亲子共读活动,旨在提升儿童的观察能力、逻辑思维能力和语言表达能力。

"巧做社团"设置了多样化的数学实验,注重儿童的主动参与和实践操作,旨在培养儿童的动手操作能力、创新能力和科学探究精神。课程内容既涵盖教材中的实验,如滴水实验、密铺等,又包含由教材知识点延伸出的实验探究,如魔法变变变、泡泡的奥秘、测量 A4 纸的厚度、度量万花筒、三角板魅力拼等。

"巧创社团"打破了传统数学课堂对教学形式的束缚,结合儿童认知规律,精心选择并开发了数学魔术,如解密听牌术、炸弹效应、感应牌点、回文算式、浑水摸币、翻杯子等;通过这些数学魔术,引导学生探寻数学规律、拓展数学思维,激发他们的探究欲望。

"巧玩社团"深入挖掘教材中的游戏资源,结合数学知识点进行创意改造,如寻找折纸侠、魔力方块、智趣抢"30"等;通过游戏化的学习方式,培养儿童积极思考、动手操作、直观想象和逻辑推理等数学素养。

"巧思社团"作为思维超脑社团,面向 3~6 年级的学生,由数学文化、数学步道、数学趣题、数学谜语和数学争霸挑战等构成,旨在提升儿童的自主探究能力和逻辑思维能力。

(二)"灵动社团"评价标准

"灵动社团"评价标准遵循全面性、科学性、参与性和可操作性原则,旨在记录学生在参与过程中的变化,尊重个体差异,以便更好地发展学生的个性与特长。

(1)活动出勤评价:根据出勤率计算学时学分。出勤率低于 60% 无学分,出勤率超过 90% 计为满分,该部分占学业总成绩的 20%。

(2)活动过程评价:以课业学分形式体现。评价内容包括平时上课的听讲情况、练习态度及参与活动的积极性,该部分占学业总成绩的 40%。

(3)活动成果评价:以成果学分形式计入。学期结束时,学生以个性化的方式展示社团活动成果,该部分占学业总成绩的 40%。

(4)活动满意度评价:通过调查问卷、访问、谈话等形式来了解学生对社团活动的满意程度,满意度达到 60% 为合格,75% 为良好,85% 及以上为优秀。

四、设置"灵动节日",营造数学学科课程氛围

通过设置"灵动节日",我们为学生营造了充满挑战与快乐的学习氛围,把数学知识与活动相结合,让学生感受数学知识的生活化和生活知识的数学化,以知识性、实践性和趣味性的形式展现数学的魅力。

(一)"灵动节日"实践与操作

"灵动节日"旨在提升学生的数学素养,满足学生成长的内在需求,促进学生发展特长、展示风采等,使其在数学方面得以全面、持续、和谐发展。

"灵动节日"是充满个性与创造力的节日。各年级在常规数学活动的基础上,不断传承与创新,营造出浓厚的数学学习氛围,并通过不同的主题来激发学生对数学学习的热情,培养学生的创新能力。

"灵动节日"增强了学生数学交流与合作的意识,使其通过活动相互理解、相互交流,勇于表达自我,从而丰富他们的学习体验。西安高新第一小学"灵动节日"安排见表3-4-3。

表 3-4-3　西安高新第一小学"灵动节日"安排

年级	传统活动		创新活动	
	内容	实施	内容	实施
一年级	数字碰碰加	1. 每人任意抽取一张扑克牌。 2. 相碰做加法,又对又快者获胜	六角旋蜂	1. 按照要求摆放"六角旋蜂"卡片。 2. 用时短且符合条件多者获胜
二年级	巧算"24"点	1. 掌握"24"点计算的技巧。 2. 逐级展开竞赛	巧拼"魔力方块"	1. 按照规则和要求摆放魔力方块。 2. 规定时间内完成数量多者获胜
三年级	快手"飞叠杯"	1. 掌握"飞叠杯"的技巧。 2. 用时短者获胜	数学洞画	观察、思考、对折,完成打洞设计
四年级	攀登"汉诺塔"	1. 掌握"汉诺塔"的技巧。 2. 进行线上游戏比拼	"趣搭乐园"游园会	1. 各班准备游园会的主题和游园项目。 2. 在操场上进行年级游园活动

年级	传统活动		创新活动	
	内容	实施	内容	实施
五年级	连线"五子棋"	1. 学习"五子棋"的规则。 2. 班级开展比拼	小论文大智慧	1. 进行小论文的选材、框架培训。 2. 学生编撰论文,老师提出修改建议。 3. 小论文年级展评
六年级	玩转魔方	1. 练习各类魔方的速拼方法,班级交流。 2. 年级开展魔方快手比拼	思维导图巧整理	1. 按照知识点分工梳理。 2. 相互交流、修改和整理自己的作品。 3. 年级展示

"灵动节日"以传统活动为基础,配合年级创新活动同步进行,表3-4-3中列举的创新活动为某一年度的示例,未来开展的活动将在此基础上继续调整或选择新主题,以凸显特色。

(二)"灵动节日"评价标准

"灵动节日"评价标准促进了课程活动的规范化、科学化,确保了活动的顺利进行,实现了以评促学的目标(见表3-4-4)。

表3-4-4 西安高新第一小学"灵动节日"评价标准

项目	评价标准	建议	赋分
活动主题	主题鲜明,具有探究性,充满数学味(10分)		
	活动设置有特色、有创新(10分)		
活动方案	目标明确、计划完整、可行性强、方案完备(10分)		
活动形式	寓教于乐,有利于学生个性特长的展示(10分)		
	形式灵活多样,能激发学生的参与热情(10分)		
活动过程	参与度高,主体作用发挥好(10分)		
	组织有序,活动有实效(10分)		
活动效果	学生积极体验,深刻感悟,激起情感共鸣(20分)		
过程资料	过程资料完备,活动持续时间长(10分)		
总评			

五、推行"灵动探究"，拓宽数学学科课程视野

"灵动探究"以学生的兴趣和直接经验为出发点，聚焦各类现实性、综合性、实践性的问题，采用研究性学习的方式，旨在培养学生的综合运用能力和创新精神。

（一）"灵动探究"实践与操作

"灵动探究"充分挖掘现有的教材资源，设计实践活动，通过参观、实验、调查、统计等方式，让学生在生活中体验数学、理解数学。

"灵动探究"紧密贴近学生生活，引导他们在生活中感受数学、应用数学，鼓励他们用自己的思维方式，围绕主题进行实践探究，发现新知、再创造，感受生活中数学的无处不在，领悟数学的价值。

"灵动探究"通过调动学生已有的数学知识和经验，为学生提供实践、体验的平台，将数学学习内容与学生的实践紧密结合，旨在培养其发现问题、动脑思考、合理判断和综合运用所学知识解决问题的能力。具体操作如下：

一年级的学生通过趣味拼搭，了解并运用立体图形的特征，发展空间观念；

二年级的学生通过趣味钟面，了解钟面构成并认识时刻；

三年级的学生通过制作活动日历，从多角度、多层面认识日历；

四年级的学生通过研究密铺的学问，深入探究密铺的奥秘；

五年级的学生通过有趣的测量活动，学习不规则物体体积的计算方法；

六年级的学生通过确定起跑线、利用圆的周长等知识来确定跑道起跑线。

（二）"灵动探究"评价标准

"灵动探究"评价标准注重培养学生的创新意识、创新精神和创新能力，强调学生在实践参与、交流互动和解决问题的过程中展现出的新颖性；评价过程以引导、鼓励为主要方式（见表3-4-5）。

表 3-4-5　西安高新第一小学"灵动探究"评价标准

项目	评价要点	评价方式		
		自评	互评	师评
参与态度	积极参与,主体性得到充分发挥,个性化、创造性得以展现			
	努力完成自己承担的任务			
参与态度	主动提出自己的设想			
活动体验	善于提问,乐于研究,勤于动手			
	获得参与实践的积极体验和丰富经验			
	活动中遇到困难时不退缩,并能自己想办法解决问题			
方法运用	能通过多种途径来获取信息			
	能采用多种方法进行研究			
	能运用已有知识解决问题			
能力发展	探究和创新意识得到增强			
	学习方法、方式多样,学会科学的研究方法			
总评				

总之,"灵动数学"从儿童的角度出发,针对数学学科的四大学习领域,设置了符合儿童身心发展规律的系列课程,通过课程内容、课程目标、课程实施与评价等多个维度,促进儿童数学思维的发展,使儿童的灵性在有目的、精心设计的活动中得以自由舒展。

第四章
畅享信息：在智能海洋中探索创新

　　畅享是信息科技的追求。信息科技教育应从儿童抓起，引导儿童在畅游网络和共享信息的过程中，积累信息科技基础知识，提升信息应用能力，培养信息责任感，发展计算思维，让儿童体验信息的无限可能、创造智能新生态、畅享信息化智能时代。通过多元实践来挖掘潜能，培养特长，发展信息素养，我们携手共创智能微世界，并在智能海洋中探索创新。

　　西安高新第一小学的信息技术学科在学校"一品文化"的引领下，以《义务教育信息科技课程标准（2022年版）》为指导，结合信息技术学科的特点和儿童身心发展的特点，围绕"用中学、做中学、创中学"的教育理念，有效融合"科"与"技"，积极探索信息科技教育的新内容、新方法、新策略，旨在培养儿童综合运用技术的能力，发展信息素养，培养科学精神和科技伦理，努力提升数字素养与技能，构建了"畅享信息"课程体系。

第一节　畅享是信息技术的追求

　　信息技术学科不仅具有学科课程的计划性、系统性特点，还具有经验课程的发展性、综合性、应用性、工具性和趣味性特点，是一门实践课程。信息技术课程以培养儿童的信息素质为主要目标,而对信息技术课程的认识体现了我校信息技术教育人对信息技术价值的认同。

一、学科价值观

《义务教育信息科技课程标准(2022年版)》指出:"义务教育信息科技课程具有基础性、实践性和综合性,为高中阶段信息技术课程的学习奠定基础。信息科技课程旨在培养科学精神和科技伦理,提升自主可控意识,培育社会主义核心价值观,树立总体国家安全观,提升数字素养与技能。"基于此,我们认为,信息科技课程的关键是培养学生的核心素养。

依托信息科技课程建设,根据小学阶段儿童的认知特点和我校学生的身心发展特点,我们筛选了信息学科的6个逻辑主线,创设出以动画和游戏为情境,以任务闯关为模式的信息科技课程。该课程旨在培养学生对信息科技发展的敏感度和适应性,帮助他们有效利用、共享信息社会中的海量信息,从而优化个人的学习和生活。

二、学科课程理念

"畅"是没有阻碍地、尽情地,"享"代表着分享、贡献。同时,中国互联网协会认为"信息无障碍"是指任何人在任何情况下都能平等、方便、无障碍地获取信息、利用信息和分享信息。基于这一认识,我们认为,在信息时代要让儿童在畅游网络中共享资源,提升网络应用能力;在接触硬件和应用软件中分享所得,提高动手实践能力,并增强信息安全意识;在学习编译程序的过程中,掌握基本概念和原理,享受创造的乐趣。因此,畅享是信息技术的追求。

(一)"畅享信息"是多元化的

课程结构遵循儿童的认知特征和个性化学习需求,具备信息科技课程的多层次、多样性和选择性特点。课程的基础部分旨在构建小学阶段学生信息素养的共同基础,关注系统性、实践性和迁移性;拓展部分则着重于激发学生的学习兴趣,提升课程内容的广度、深度及真实问题情境的复杂度,为学科兴趣浓厚、学科专长明显的学生提供挑战性的学习机会。

（二）"畅享信息"是以问题为导向的

我们结合学生的生活和学习实际设计问题，让学生在探究中掌握应用信息技术解决问题的思想和方法；鼓励学生将所学的信息科技应用到生活和信息科技革新等各项实践活动中去，在实践中创新，在创新中实践。

（三）"畅享信息"是具有时代色彩的

课程内容紧扣数据、算法、信息系统和信息社会，结合信息科技变革的前沿知识与国际信息科技教育的发展趋势，引导学生学习信息科技的基础知识与技能，感悟信息科技学科的方法与思想；结合学生已有的学习经验和将要经历的社会生活，在课程中嵌入与信息科技相关的社会现实问题和情境。

第二节　体验信息的无限可能

《义务教育信息科技课程标准（2022年版）》指出："信息科技课程要培养的核心素养，主要包括信息意识、计算思维、数字化学习与创新、信息社会责任。这四个方面互相支持，互相渗透，共同促进学生数字素养与技能的提升。"《中小学综合实践活动课程指导纲要》在创意物化目标中指出："通过动手操作实践，初步掌握手工设计与制作的基本技能；学会运用信息技术，设计并制作有一定创意的数字作品。运用常见、简单的信息技术解决实际问题，服务于学习和生活。"

一、学科课程总体目标

依据《义务教育信息科技课程标准（2022年版）》和《中小学综合实践活动课程指导纲要》的要求，从信息科技核心素养的四个方面，制定我校信息学科总体目标。

（一）信息意识

学生能够根据解决问题的需要，自觉、主动地寻求恰当的方式获取并处理信息;能够敏锐地感知信息的变化,采用有效策略对信息来源的可靠性进行合理判断,对信息可能产生的影响进行预期分析,为解决问题提供参考;在合作解决问题的过程中,愿意与团队成员共享信息,以实现信息的更大价值。

(二)计算思维

具备计算思维的学生,在信息活动中能够采用计算机可以处理的方式界定问题、抽象特征、建立结构模型、合理组织数据;通过判断、分析与综合各种信息资源,运用合理的算法设计出解决问题的方案;总结利用计算机解决问题的过程与方法,并迁移到与之相关的其他问题解决中。

(三)数字化学习与创新

学生应该认识到数字化学习环境的优势和局限,积极适应数字化学习环境,并养成相应的学习习惯;掌握数字化学习系统、学习资源与学习工具的功能和用法,并用来开展自主学习、协同工作、知识分享,以及进行创造性活动。

(四)信息社会责任

学生应该具备信息社会个体在文化修养、道德规范和行为自律等方面的基本责任,具有一定的信息安全意识,能够严格遵守信息法律法规,信守信息社会的道德与伦理准则。在现实与虚拟的信息社会中,学生应该遵循公共规范,积极维护自己和他人的合法权益及公共信息安全,同时关注信息技术革命所带来的环境问题和人文问题。

透过核心知识、关键能力、学科品质和思维方法这四个维度的目标,我们可以看到信息科技课程的总体目标是培养学生的信息素养,使其能够适应信息社会的生活。

二、学科课程年级目标

根据《义务教育信息科技课程标准(2022年版)》的要求,结合信息学科课程的总目标和各年级的学情,我们为"畅享信息"课程设置了年级目标,以三年级为例进行展示(见表4-2-1)。

表 4-2-1　西安高新第一小学"畅享信息"三年级目标

学期	单元	课程目标
上学期	第一单元	1. 共同要求。 （1）了解什么是信息和信息技术，知道计算机在信息搜集和处理过程中的应用，认识计算机和我们未来的关系。 （2）认识计算机的输入设备、输出设备和其他常见辅助设备；知道使用计算机的安全注意事项，如用电安全、日常保养等；牢记计算机课堂应该遵守的纪律。 （3）学会并牢固掌握计算机开机、关机的正确方法，认识计算机桌面的任务栏、图标和开始菜单。 （4）学会鼠标的基本操作，认识鼠标右键快捷菜单。 （5）认识计算机的桌面和窗口，能完成窗口的基本操作；认识计算机的对话框，会排列桌面图标、设置桌面背景和屏幕保护程序等；知道窗口和对话框的区别。 2. 校本要求。 （1）知道信息技术基本工具的作用，能识别和使用以计算机为代表的数码设备的开关和接口（如主机开关、复位键、USB接口、音频接口等）。 （2）知道计算机各个部分的作用，认识计算机的输入设备、输出设备和辅助设备。 （3）了解与信息技术相关的文化、道德和责任
	第二单元	1. 共同要求。 （1）认识键盘分区和指示灯的意义等，知道各分区的功能；通过打字游戏，初步体验键盘输入操作。 （2）认识键盘的8个基本键、空格键和回车键；使用"金山打字通"软件练习指法；养成良好的坐姿。 （3）认识主键盘区其他键位的指法；认识和学会使用上档键、退格键、删除键等；使用"金山打字通"软件练习英文单词输入，并会修改错误的字符。 （4）认识辅助键区、编辑键区和F1功能键；使用"金山打字通"软件练习指法及提高打字速度。 2. 校本要求。 （1）能够通过键盘与计算机进行交流，掌握键盘的输入方法。 （2）养成良好的键盘使用习惯
	第三单元	1. 共同要求。 （1）了解输入法的发展，知道几种常见的中文输入法；使用"金山打字通"软件进行汉字输入。 （2）学会简单设置输入法，能够在输入过程中改字、选词；了解隔音符号的使用；掌握拼音输入法词组输入的技巧。 （3）学会用输入法在键盘上正确输入中文标点符号，能较快速、准确地输入整篇中文。

续表

学期	单元	课程目标
上学期	第三单元	（4）使用"金山打字通"软件练习中文输入；学会在"记事本"里写一篇短文，并保存文档。 2. 校本要求。 （1）能熟练地使用输入法，进行儿歌、古诗、自然段文章的输入。 （2）能在 Word 中调整字体、字号等格式，并根据需要输入文章
	第四单元	1. 共同要求。 （1）认识互联网和浏览器，了解主页和网页，知道超级链接。 （2）认识网址，通过输入网址来访问网页；会使用前进、后退、刷新、停止、搜索（名字）等按钮；以"百度"为例认识搜索引擎。 2. 校本要求。 （1）知道互联网、物联网的概念及二者的区别和联系。 （2）知道浏览器的作用，能够使用浏览器进行正确的搜索操作
下学期	第一单元	1. 共同要求。 （1）学会浏览网页，能找到需要的信息资源，并能将其放到收藏夹中。 （2）学会设置主页，并学会根据网页中的导航条，找到需要的信息资源。 （3）学会将网站搜索到的信息资源进行分类整理。 （4）能够上网查找喜欢的图片，下载保存，并设置成电脑桌面。 （5）学会注册儿童网站会员，登录会员，了解会员特权。 （6）学会在网上下载并保存歌曲。 （7）学会浏览多个儿童网站，并试着评价各个网站。 2. 校本要求。 （1）能够使用搜索引擎查找各种类型的信息。 （2）能够在不同的网站注册会员。 （3）学会利用网络搜索各种信息资源，能够收藏网站。 （4）在浏览多个网站时，能开展同主题类型网站间优缺点的对比，并作出综合评价
	第二单元	1. 共同要求。 （1）了解画图软件，学会在画图软件中使用铅笔工具和颜料盒，理解橡皮工具和撤销的用法，并学会保存图片。 （2）学会使用画图软件中的直线工具、放大镜和颜色填充工具，画出一棵松树。 （3）学会用选定、复制、粘贴、移动、缩放和旋转等操作，画出一片树林。 （4）能够使用椭圆、直线和颜色填充工具，画几只可爱的小鸡。 （5）掌握画图过程中 Shift 键的妙用。 （6）学会用矩形工具、圆角矩形工具、多边形工具和文字工具，画一栋林边的小屋。

续表

学期	单元	课程目标
下学期	第二单元	2. 校本要求。 （1）能使用简单的绘图工具软件绘制基本形状、填充合适的色彩,能缩放、翻转、组合图片。 （2）能够综合运用各种绘画工具进行作品创意描述
	第三单元	1. 共同要求。 （1）学会使用取色、喷枪和刷子工具,丰富自己的绘图作品。 （2）学会使用文字工具中的特殊图形与添加背景图片的方式,增加绘图效果。 （3）能够使用绘图工具绘制图标,学会读图,并能从图中获得信息。 2. 校本要求。 能够利用绘画工具清晰表达思想,并用所学知识进行作品创作

第三节　创造智能新生态

我校"畅享信息"课程遵循学校"5E"课程体系,设立"1+X"课程群,其中"1"代表基础型课程,以信息素养为主线,以全面提升儿童的信息素养为根本目标,并实行班级必修课模式;"X"代表拓展型课程,根据基础课程的学科特性和儿童的个性化学习需求,设置多维度的特色课程,以满足不同阶段儿童的发展需求。

一、学科课程结构

为了培养儿童的创造力,我们遵循《义务教育信息科技课程标准（2022年版）》、信息教育教学和学生身心发展规律,稳步推进并完善"畅享信息"课程架构。目前,我校的"畅享信息"课程分为"畅享硬件""畅享软件""畅享网络"和"畅享未来"4个课程,如图4-3-1所示。

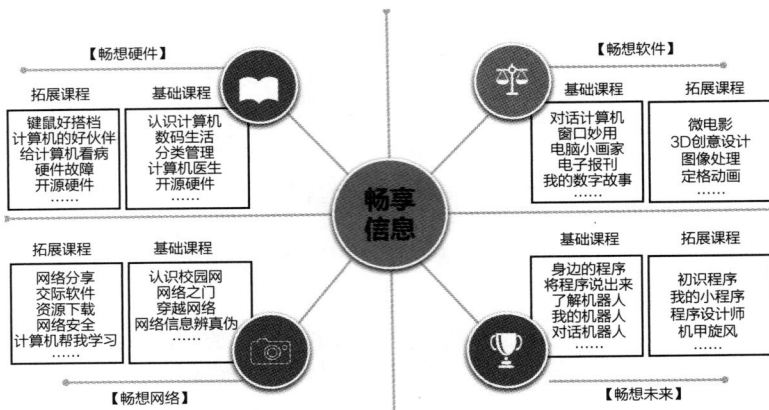

图 4-3-1　西安高新第一小学 "畅享信息" 课程结构

（一）"畅享硬件"课程

"畅享硬件"课程是操作、使用计算机的基础,是信息科技课程的入门课程,也是学习后续内容的前提。通过本课程的学习,学生能了解信息技术的基本工具、计算机硬件的基本组成,以及计算机各个部分的作用,掌握键盘和鼠标的基本操作,体验文件管理的具体操作,并养成安全使用计算机的意识。

（二）"畅享软件"课程

"畅享软件"课程侧重信息的创造及应用过程,如文本、图片、表格、声音、动画、视频及其综合应用;理解用多媒体方式表达信息的特点;学会使用简单的工具集成文本、图片、声音、视频等多媒体信息,并能对多媒体作品作出恰当的评价。

（三）"畅享网络"课程

"畅享网络"课程旨在让学生掌握在网络中获取和处理信息的能力;初步形成通过网络来获取信息的意识,掌握通过网络来获取信息的基本方法,能够熟练运用网络进行交流。通过体验基本的网络应用,学生将深刻地感悟到因特网的魅力。同时,在解决日常生活和学习中的实际问题时,学生将体验到网络带给人们的便利。

（四）"畅享未来"课程

"畅享未来"课程包含机器人设计与编程进阶、算法与程序设计、人工智能体验课程三部分，是面向未来教育的智能创新型课程。该课程群以体验为核心，强调借助积木式编程工具，通过直观操作体验来加深学生对对象、模块、控制、执行等概念的理解，感受编程思想；强调从生活实际问题出发，引导学生理解程序的基本概念和组成要素，并基于程序结构来体验和感悟算法思想。

"畅享未来"课程旨在让学生了解与机器人相关的指令、程序和算法的基本概念，能够解读简单机器人程序的流程图；能在机器人软件平台上利用图形模块设计简单程序，并成功下载到机器人上执行，体验控制系统的功能，感受机器人编程的重要性；初步掌握机器人的结构设计、程序设计、软硬件测试和整体优化的基本流程。

二、学科课程设置

"畅享信息"课程基于硬件与系统管理、信息加工与表达、网络与信息交流、算法与程序四个知识维度，划分为畅享硬件、畅享软件、畅享网络和畅享未来四大类课程。课程按照年级和学期进行安排，从纵向上看，课程内容由浅入深，形成螺旋上升的趋势；从横向上看，这些课程涵盖了各年级的四个知识维度，内容层层递进，结构紧密相连。西安高新第一小学"畅享信息"拓展课程见表4-3-1。

表 4-3-1　西安高新第一小学"畅享信息"拓展课程

年级	学期	课程			
		畅享硬件	畅享软件	畅享网络	畅享未来
一年级		认识计算机、键鼠好搭档	对话计算机	认识校园网	
二年级		数码生活	窗口妙用	网络之门	初识编程
三年级	上学期	计算机的好伙伴	电脑小画家	网络分享	身边的程序
	下学期	分类管理	微电影	交际软件	了解机器人
四年级	上学期	计算机也会生病	文字处理	穿越网络	我的小程序
	下学期	给计算机看病	电子报刊	资源下载	元器件的作用

续表

年级	学期	课程			
		畅享硬件	畅享软件	畅享网络	畅享未来
五年级	上学期	硬件故障	我的数字故事	网络信息辨真伪	我的机器人
	下学期	计算机保养	3D 创意设计	网络安全	对话机器人
六年级	上学期	计算机医生	图像处理	计算机帮我来学习	程序设计师
	下学期	开源硬件	定格动画	网络学习我最强	机甲旋风

第四节 畅享在信息化智能时代

信息技术不以传授技术为主旨,而在于培养和提升学生的信息素养。我校从"畅享课堂""畅享课程""畅享社团""畅享竞赛"四个维度落实"畅享信息",使学生体验和感悟信息技术和信息文化,畅享信息化智能时代。我校还设计了符合学生发展的课程评价,旨在推动课程变革,并有效指导课程实践。

一、打造"畅享课堂",落实学科核心素养

信息科技课堂教学只有激发学生的热情,才能让学生真正自主地投入学习中。因此,我校致力于打造具有信息时代特色、符合各年级学生学情的"畅享课堂"。

(一)"畅享课堂"实践与操作

"畅享课堂"重视教学情境的营造,从而激发学生的内在驱动力;强调小组合作,培养学生团队互助的品质和合作意识;运用游戏化教学,营造学习氛围,提升学生的积极性;实施分层教学,关注个体发展差异,从而满足学生的个性化需求。

依据信息学科的教学特点，我们将"畅享课堂"划分为技能新授课、知识理论课和综合实践课三种课型。根据不同课型，我们以学生为本，倡导"自主、合作、探究"的学习方式，旨在培养学生的合作意识和探究精神，将一颗信息技术的"种子"深埋在学生的内心。

（二）"畅享课堂"评价标准

合理的课堂评价方式可以激励和引导学生更好地参与到学习实践中，因此我们从实践性、自主性、信息性、思维性和创新性等多个角度，对"畅享课堂"制定了全方位的评价标准（见表 4-4-1）。

表 4-4-1 西安高新第一小学"畅享课堂"评价标准

评定项目	评定内容	评定分数	得分
实操性	1. 学生经历各项活动或任务。 2. 引导学生在实验、探究、设计、创作中进行体验。 3. 引导学生发现、分析和解决问题，体验和感悟生活，发展实践创新能力	20	
自主性	1. 将课堂自主权还给学生，尊重学生的主体地位。 2. 倡导个性化、多样化学习，构建和谐共生的多种学习方式。 3. 聚焦学生问题，关注学生的学习感受	20	
信息性	1. 根据解决问题的需要，自觉、主动地寻求恰当的方式获取与处理信息。 2. 在合作的过程中，能与团队成员共享信息，实现信息的最大价值。 3. 能够遵守信息法律法规，遵守信息社会的道德与伦理法则。 4. 对信息科技创新所产生的新观念和新事物，能具备积极的学习态度、理性的价值判断能力和行为能力	20	
思维性	1. 在信息活动中能够采用计算机可以处理的方式界定问题、抽象特征、建立结构模型、合理组织数据。 2. 总结利用计算机解决问题的过程与方法，并迁移到与之相关的其他问题解决中	20	
创新性	1. 能有效地管理学习过程与学习资源，创造性地解决问题。 2. 能认识到数字化学习环境的优势与局限，创造性地进行自主学习、协作学习、实践分享与创新创造	20	
亮点		附加10	

续表

评定项目	评定内容	评定分数	得分
总评			

二、构建"畅享课程",充分发展学生的能力

基于信息科技课程的性质和特点,我们将"畅享课程"课程分为"畅享硬件""畅享软件""畅享网络"和"畅享未来"四个子课程。

(一)"畅享课程"实践与操作

"畅享课程"强调对常用工具、手段、技术等基本操作的掌握与应用,在课程实践中注重引导学生在动手操作、自主探究和解决问题的过程中把"学技术"与"用技术"融合在一起,把最终的目标引向掌握技术、发展能力;使学生在实际体验中掌握利用信息科技解决实际问题的方法,并逐步养成良好的学习习惯;强调理解信息科技的技术思想,并在应用信息科技的具体过程中,引导学生形成积极的技术观和价值观。

(二)"畅享课程"评价标准

"畅享课程"具备实践性,旨在培养学生利用信息科技解决实际问题的能力;具备创新性,旨在培养学生的创新精神;具备应用性,旨在培养学生适应信息社会的能力。西安高新第一小学"畅享课程"评价标准见表4-4-2。

表4-4-2 西安高新第一小学"畅享课程"评价标准

评定项目	评价内容	评价形式	评价等级
目标 (30分)	1. 课程总目标和分目标之间关系清晰、准确和全面。 2. 能根据教学内容设定合理和准确的教学三维目标。 3. 学生能很好地达成课程总目标	收集每课成果,展示期中、期末访谈作品	☆☆☆☆☆
设计 (20分)	能制定出适合学生特点和利于学生发展的课程纲要,并根据课程纲要制订课程实施计划	看课程纲要和实施计划	☆☆☆☆☆

续表

评定项目	评价内容	评价形式	评价等级
实施 （25分）	1. 能根据教学计划,因材施教,认真指导。 2. 课程实施能满足学生的兴趣发展需求,培养学生的实践能力和创造能力,受到学生喜爱	看记录、问卷调查、随机访谈	☆☆☆☆☆
效果 （25分）	1. 认真做好学生的发展评价工作。 2. 能够根据课程纲要的设计、课程实施和课程评价中的各个环节进行反思,并积极完善课程	看评价方案、学生成果展示、查看反思	☆☆☆☆☆
总分			

三、开设"畅享社团",挖掘学生的核心潜力

每个社团都是课堂的延伸,"畅享社团"旨在将信息科技爱好者和具有优势的学生汇聚一堂,形成群体优势,在社团活动中集思广益、互相鼓励、互相配合,充分发挥集体的智慧和力量。

（一）"畅享社团"实践与操作

"畅享社团"由机器人、智能造物、3D打印和创意编程四个社团组成。

机器人社团依托"能力风暴"等机器人平台,让学生通过发挥创意来拼凑各种模型,完成各种任务,使学生通过自主学习来获取新知识,从而培养他们的合作能力、沟通能力和思想表达能力。

智能造物社团基于"每个儿童都是造物者"的理念,组织学生利用积木、主控板、各种电子元器件和连接线,通过创意发明,将各种零件或材料进行拼插、组装、编程,在动手动脑中创造出各种各样富有创意的智能装置。

3D打印社团借助3D one软件制作各类模型,在方案设计、动手操作、自主探究和解决问题的过程中,引导学生把学技术与用技术融合在一起。

创意编程社团以图形化编程软件为平台,通过学习与运用100多个功能指令来组装脚本,制作趣味动画片、益智游戏,以及开发实用小程序等。

（二）"畅享社团"评价标准

"畅享社团"鼓励学生在社团学习中解放思想、大胆创新。我们从制度与

计划、资料与整理、活动与考勤、效果与反馈四个方面制定了"畅享社团"评价标准（见表4-4-3）。

表4-4-3　西安高新第一小学"畅享社团"评价标准

评定项目	评定内容	评定分数	得分
制度 与计划 （20分）	社团有明确的章程和计划，课程设置完善	20	
	社团章程较明确，有各种规章制度和计划，但不够完善	10	
	社团无章程，无活动计划	0	
资料 与整理 （30分）	学期初及时上交本学期的社团计划，学期末及时上交社团活动记录表，有活动反思且内容完整	30	
	上交，但不及时或记录不完整	10	
	不上交或者无记录	0	
活动 与考勤 （30分）	能按要求开展活动，对学生进行有效指导，确保活动丰富多彩、规范细致且可操作性强，将学生流失率控制在20%以下	30	
	能开展活动，学生流失率在21%～49%	10	
	未向学校申请而随意停课，学生流失率高于50%	0	
效果 与反馈 （20分）	能以个性的方式展示社团活动成果，学生、家长和班主任对社团活动的满意率超过85%	20	
	社团展示情况不佳，学生、家长和班主任对社团活动的满意率在60%～84%	10	
	社团无展示，学生情况无改善，学生、家长和班主任对社团活动的满意率低于60%或者有50%以上不满意	0	
总分			
备注：优秀85分以上，良好84～71分，合格60～70分，考核等级较低的社团需要限期整改			

四、组织"畅享竞赛"，展现学生学习风采

学科竞赛充分展现了学生的能力，为学生搭建了一个展示自我的平台，以赛促教、以赛促学。我校每年组织"微电影大赛""电脑制作大赛""机器人创客比赛"等"畅享竞赛"。

（一）"畅享竞赛"实践与操作

自 2015 年起，我校开始筹办校园"微电影大赛"，迄今为止已成功举办了 6 届。拍摄主题依次是综合主题及"幸福家庭""微课大赛""我班我秀""寻找最美的你""成语中国"。这些微电影活动极大地激发了学生的创造能力、表达能力和实践能力。我们将微电影活动的流程划分为 5 个步骤：前期宣传阶段、报名阶段、选手拍摄—协调—答疑阶段、提交作品阶段和最终的评选阶段。通过这 5 个步骤，我们评选出校级优秀微电影作品。同时，我校积极参加国家、省、市各级微电影大赛，如中央电化教育馆组织的"中国梦——行动有我"微电影大赛、陕西省教育厅组织的中小学生微电影大赛、陕西省电化教育馆组织的"爱挑战"微电影展评活动等。我校的微电影作品获得多项国家、省、市级奖项，其中在第三届微电影中，学生制作的微课受到了时任中央电化教育馆王珠珠馆长的高度赞许。

"电脑制作大赛"依托陕西省电脑制作大赛，每年定期在校内举办。大赛涵盖电脑绘画、电子小报、电脑动画、未来制造设计、微场景制作等多个项目。大赛面向全体学生，比赛流程包括报名参赛、赛前指导培训、作品提交、优秀作品初选、再次指导和最终作品提交等环节。目前，我校学生在电脑制作大赛中获得了各个项目的多个奖项，我校还多次荣获优秀组织单位奖。

"机器人创客比赛"是一项集动手实践、技能培养、探究性学习于一体的科学普及活动，是激发儿童科学天赋和技巧的重要途径。我校开设了机器人社团，面向全体学生招募成员，由专业的信息老师负责，并在平时的机器人社团中对选手进行赛前训练。赛前，我们会从机器人社团成员中选拔优秀选手作为参赛代表，并针对比赛项目进行集训。在历年的机器人比赛中，我校均取得了优异的成绩。

（二）"畅享竞赛"评价标准

为更好地组织"畅享竞赛"，最大程度地调动学生参与比赛的积极性、持续性和有效性，结合我校实际情况，我们制定了"畅享竞赛"的评价标准（见表4-4-4）。

表 4-4-4　西安高新第一小学"畅享竞赛"评价标准

评价项目	评定内容	评定分数	得分
宣传情况	通过美篇、微信等多种方式,对赛事进行相关内容的介绍与宣传	20	
参与情况	组织学生积极报名参加各类比赛和活动,对学生的参与情况进行统计	30	
培训情况	教师认真参加相关赛事培训与学习,以确保学生的赛前培训具有针对性、规划性和高效性	30	
获奖情况	及时对学生的参赛作品进行收集和评定,统计学生的获奖率	20	
总分			

　　我校"畅享课程"从多角度、全方位出发,针对不同学段、不同内容和不同侧重点,旨在培养学生的创新意识和运用信息化手段解决问题的能力,实现"让应用有形,让思维可见"的目标。在"畅享课程"中,学生能够畅游网络共享资源,通过接触硬件和应用软件来分享所学所得,并在编译程序中体验创造的乐趣,于智能海洋中探索创新。

第五章

智创科学:在科学旅程中启迪智慧

　　智创是科学的灵魂,未知的科学世界需要智慧和创新的"钥匙"来开启。"智创科学"以发展儿童的科学素养、创新精神和实践能力为核心,构建创新思维空间,让科学与生命智慧相互交融。它整合了物质、生命、地球与宇宙、技术与工程四个维度,使儿童能够探索科学的无尽奥妙,体验科学探索的乐趣,发挥科学创造的潜能,从而在科学旅程中启迪智慧。

　　西安高新第一小学的科学学科在学校"一品文化"引领下,以《全民科学素质行动规划纲要(2021—2035 年)》《义务教育科学课程标准(2022 年 版)》《中国 STEM 教育白皮书》等为导引,按照学科特点和儿童成长规律,深入挖掘学科内涵,坚持以探究活动为核心,革新传统课堂教学,探索科学教育的新途径、新方法、新思路,旨在保护并激发儿童对科学世界的好奇心与探索欲,培养他们树立科学观念,弘扬科学精神,并具备解决现实问题的能力。最终,西安高新第一小学成功构建了独具特色的"智创科学"课程体系,为儿童开启了一扇通往科学殿堂的大门。

第一节　智创是科学的灵魂

小学科学教育是融自然科学和社会科学于一体的综合性学科，作为一门基础学科，旨在培养儿童的科学素养，为其继续学习和终身发展奠定基础。对科学学科课程性质的认识，使我校科学教育教学的方向变得更加清晰和明确。

一、学科价值观

《义务教育科学课程标准（2022年版）》指出："义务教育科学课程是一门体现科学本质的综合性基础课程，具有实践性。"

基于对《义务教育科学课程标准（2022年版）》的解读，我们认为科学教育对个人科学素养的形成具有十分重要的作用。因此，我们要面向全体儿童，突出其主体地位，并提供合适的、公平的学习和发展机会，践行探究式学习和跨学科实践，促进儿童主动探究，保护儿童的好奇心和求知欲，并激发他们的兴趣。我们依托科学课程建设，融入科技教育的前沿理念，在运用信息技术革新传统教学的过程中，注重挖掘儿童的创新潜能，践行智慧型跨学科教学，借助日趋成熟的教育信息化成果，培养智慧型创新人才。我们强调在激发儿童主动思考、善于思考、独立思考的同时，注重创新能力的提高，为儿童适应未来社会奠定基础。

二、学科课程理念

陶行知先生在创造教育理论中提到，儿童的身上蕴藏着创造力，教育者的天职就是要发现、启迪和培养他们的创造力，教育的核心任务不是传授已有的知识，而是要把儿童的创造力激发出来。基于此，在科学世界中，我们要让儿童在智巧中迸发创意，在智能中诞生创造，在智慧中开拓创新，使儿童在智慧中汲取创新的营养，真正感受科学的乐趣，并在科学旅程中激发创意、启迪智慧。因此，我们认为智创是科学学科课程的核心概念，"智"，即智巧、智能、智慧；"创"，即创意、创造、创新。

（一）"智创科学"始于兴趣，激发潜能

兴趣对学习有着神奇的内驱作用，能变无效为有效，化低效为高效。在教育教学过程中，我们应该以兴趣为出发点，充分激发儿童的好奇心与想象力，引导儿童积极投身科学实践中，从而最大程度地唤醒儿童的求知欲，挖掘其内在潜能。

（二）"智创科学"能于探究，提升素养

科学学科所具备的跨学科特性为儿童的全面发展提供了广袤的沃土。通过情境式教学，我们以儿童为中心，在因材施教的过程中让儿童敢想、敢做，发现自我、发展自我、超越自我，让儿童乐于探究、善于探究、勇于探究，实现科学素养的全面提升。

（三）"智创科学"善于合作，助力成长

合作意识与合作能力是现代公民应该具备的基本素养。每个儿童都是独特的个体，他们的学习能力和学习需求各有不同。在合作学习的过程中，儿童们相互讨论、发散思考，这不仅提升了他们的沟通技巧，还促进了他们多元智力的发展。通过相互学习、改进不足，儿童能够达到共同成长、共同进步的目的。

（四）"智创科学"慧于创新，储备动力

在知识经济时代，科学技术的发展深刻地影响着个体的认知与行为模式。我们积极践行智慧型跨学科教学，发展智慧导向型教育，旨在让儿童学会智慧地解决学习和生活中遇到的问题，培养儿童的创新思维和创新能力，为儿童的继续学习提供不竭动力。

总之，我们始终坚持以培养儿童的科学素养为核心，让儿童在科学探究的过程中孕育智慧、勇于创新，成为智慧型创新人才。

第二节　探索科学的无尽奥妙

《义务教育科学课程标准（2022年版）》指出，科学课程要培养学生的核心素养，主要是指学生在学习科学课程的过程中，逐步形成适应个人终身发展和社会发展所需要的正确价值观、必备品格和关键能力，是科学课程育人价值的集中体现，包括科学观念、科学思维、探究实践、态度责任等方面。

一、学科课程总体目标

为实现小学科学课程目标，我校科学学科从科学观念、科学思维、探究实践和态度责任等四个维度出发，制定了总体目标，旨在培养儿童的科学素养。

（一）科学观念目标

"智创科学"课程涵盖了学科核心概念，旨在让儿童初步认识常见事物的特征，熟悉科学学科相关知识的基本概念，并掌握符合其认知水平的科学知识。这些科学知识包括：了解一些物质的基本特征和性质，认识物体的运动、力的作用和能量的转化；了解有生命物体的基本特征，知道生命科学对人类社会发展的重要性；初步认识太阳系和一些常见星座，了解地球及其运动；知道设计是工程技术的核心环节，工程是运用科学和技术进行设计、解决实际问题和制作产品的活动等。

（二）科学思维目标

儿童通过"智创科学"课程的学习，发展科学思维，以生活经验为基础，对客观事物进行抽象和概括，逐步掌握分析、比较、分类、推理、类比等科学探究过程中的常用方法；能够从不同角度分析、思考问题，提出新颖而有价值的观点和解决问题的方法，从而建立对客观事物的本质属性、内在规律和相互关系的认识。

（三）探究实践目标

儿童通过"智创科学"课程的学习，知道科学探究是获取科学知识，进行科学研究的主要途径。儿童能够基于已有的经验和知识，提出有研究价值的问题，作出合理假设并制订计划，随后进行实验探究，分析数据后得出结论。在探究实践活动中，儿童运用科学知识和技能，尝试设计、制作，以解决实际问题，并逐步认识到科学知识会随着探究过程的深入及证据和信息的不断更新而丰富。

（四）态度责任目标

儿童通过"智创科学"课程的实践，对科学探究产生兴趣，对世界产生强烈的好奇心及求知欲，乐于参加科学学习的相关活动，并能较好地完成活动任务。在团队中，他们愿意倾听和接受他人的意见，不断完善自己的认知。他们知道人类活动对自然环境和社会变迁的影响，树立正确的道德观和价值观，并具备保护环境的意识和强烈的社会责任感。

二、学科课程年级目标

根据《义务教育科学课程标准（2022年版）》的要求，我们充分考虑学生的年龄特点和认知规律，结合我校科学学科的实际情况，将课程总体目标分年级进行了梳理，将总目标转化为年级目标。这里，我们以三年级为例，展示一个年级的目标见表5-2-1。

表5-2-1　西安高新第一小学"智创科学"课程三年级目标

学期	单元	课程目标
上学期	第一单元	1. 共同要求。 （1）能用各种方法证明和概括空气的性质，能够了解大自然中风的形成。 （2）能选择恰当的工具，运用分析、比较、推理、概括等方法，分析结果，得出结论。 （3）在科学探究中能以事实为依据，及时调整自己的观点。 （4）了解科学技术对人类生活方式和思维方式的影响。 2. 校本要求。 （1）能够独立设计小实验来证明空气的性质。 （2）能够制作简单的"热气球"，并尝试用热空气向上流动的原理使"热气球"飞起来

续表

学期	单元	课程目标
上学期	第二单元	1. 共同要求。 （1）初步了解地球上土壤的基本状况，初步认识大自然为人类生存提供了各种自然资源。 （2）能运用感官，选择恰当的工具、仪器，观察并描述对象的外部形态特征。 （3）能在好奇心的驱使下，表现出对事件的探究兴趣。 （4）了解人类生活和生产可能对环境造成的破坏，有一定的环保意识。 2. 校本要求。 （1）能够针对黄土高原的水土流失问题，设计简单的解决方案。 （2）能够通过查阅资料，了解我国存在的其他类型的土壤问题
	第三单元	1. 共同要求。 （1）会使用常见的仪器测量固体或液体的质量、体积，能够选择适当的方法分离混合物。 （2）能基于所学知识，制订简单的探究计划，能够正确地描述自己的探究过程。 （3）在科学探究中能以事实为依据，敢于挑战权威与书本。 （4）了解并意识到人类对产品进行不断改进以适应自身日益增长的需求。 2. 校本要求。 （1）了解液体的混合与分离，初步认识液体的分层现象。 （2）进一步理解科学实验中控制变量的作用和意义
	第四单元	1. 共同要求。 （1）了解地球上水的基本状况，初步认识大自然为人类生存提供了各种自然资源和能源。 （2）能运用感官选择恰当的工具、仪器，观察并描述对象的外部形态特征和现象。 （3）能分工协作，进行多人合作的探究学习。 （4）愿意参与环境保护活动，节约资源。 2. 校本要求。 （1）能够完成一项简单的水体调查任务。 （2）能够合理地将调查得到的数据进行整理与分析，并愿意与同伴表达与交流
	第五单元	1. 共同要求。 （1）初步认识人体的主要生命活动。 （2）能用比较科学的词汇、图示符号、统计图表等方式记录和整理信息。

续表

学期	单元	课程目标
上学期	第五单元	（3）面对有说服力的证据，能调整自己的观点。 （4）了解科学技术对人类生活方式和思维方式的影响。 2. 校本要求。 （1）能对呼吸与消化的相关知识进行灵活运用，并能自编课本剧展示人体的呼吸与消化过程。 （2）了解多种食品添加剂及其作用
下学期	第一单元	1. 共同要求。 （1）初步认知植物的构造、功能和生长过程。 （2）在教师的引导下，依据证据，运用比较、概括等方法，分析结果，得出结论。 （3）能在活动中克服困难，完成预定的任务。 （4）珍爱生命，意识到植物对人类社会生产生活的价值。 2. 校本要求。 （1）学会种植自己喜欢的植物，并细心观察植物的根、茎、叶、花和果实，认真记录观察结果。 （2）能够通过查阅资料，了解秦岭的植物资源，产生保护家乡植物的情感
	第二单元	1. 共同要求。 （1）认识植物的形态与其生长环境有着密切的关系，知道一些植物适应环境的本领。 （2）能提取图片和阅读材料中的主要信息，分析和概括知识。 （3）在科学探究中能以事实为依据，不盲目从众，不轻易相信权威与书本。 （4）了解人类与植物之间的密切联系，愿意保护环境，有一定的环保意识。 2. 校本要求。 （1）走进植物园，近距离观察植物，并了解植物与环境之间的关系。 （2）能设计简单的秦岭珍稀植物的调查研究方案，并提出保护性的建议
	第三单元	1. 共同要求。 （1）知道声音是如何产生和传播的，了解人是怎样听到声音的。 （2）能对搜集到的证据进行分类和比较，并作出合理的解释。 （3）乐于尝试运用多种材料、多种思路、多种方法完成科学探究。 （4）了解科学技术对人类生活方式和思维方式的影响。 2. 校本要求。 （1）能利用简易材料设计并制作一款小乐器。 （2）能在好奇心的驱使下，表现出对乐器制作的兴趣

学期	单元	课程目标
下学期	第四单元	1. 共同要求。 （1）认识常见材料的性质，并能够对其进行分类，能将材料特性与用途相联系。 （2）知道在科学探究中，要运用理性思维对搜集到的证据进行比较、分类、归纳、概括和解释。 （3）在学习和解决问题的过程中注重证据的搜集。 （4）意识到合理、充分利用材料的必要性和重要性，树立环保意识。 2. 校本要求。 （1）通过查阅资料，了解古人造纸的过程，了解其原理。 （2）能利用相关的原材料尝试造纸，乐于参与小组活动
	第五单元	1. 共同要求。 （1）会用温度计、简易风向仪进行观测，搜集数据，了解天气对人类生产生活的影响。 （2）知道在科学探究中问题的解决或结论的得出，要以搜集到的事实证据为基础。 （3）学习有毅力，愿意参与中长期科学探究活动。 （4）有参与环保活动的意识，愿意采取行动，保护环境。 2. 校本要求。 （1）能利用身边的材料自制简易的雨量器，并尝试测量雨量。 （2）通过调查研究，了解家乡陕西地区的气候特点

通过年级目标的实现，我们逐步引导学生了解学科的核心概念和跨学科概念，激发他们的科学探究兴趣，塑造正确的思维方式并培养良好的学习习惯，为其健康发展奠定良好的基础。

第三节　让科学与生命智慧交融

根据《义务教育科学课程标准（2022 年版）》的精神，基于小学科学核心素养，结合学生的发展特点和我校学生的特质，我们构建了一个集课程、教学、评价和管理于一体的"智创科学"教育体系。

一、学科课程结构

"智创科学"课程以探究活动为核心，分为智观世界、智享生命、智探宇宙、智造工程四个板块，并按年级设计了课程。从纵向看，课程内容由浅入深，呈现出螺旋上升的趋势；从横向看，各年级课程涵盖了这四个领域的学习内容，体现了学习内容的相互关联和环环相扣，如图5-3-1所示。

图 5-3-1 西安高新第一小学"智创科学"课程结构

（一）智观世界

智观世界以丰富的形式、多样的内容，全方位、多层次地引导儿童对物质及其运动和变化规律进行研究，激发他们探究物质世界奥秘的好奇心；鼓励儿童从科学的角度认知世界，用科学的语言描述各种各样的物质，寻找物质之间的奇妙联系，并发现其内在规律。

（二）智享生命

智享生命通过观察、调查、实验等多种途径，引导儿童认识生物体的形态、结构和功能的关系；带领儿童亲近自然，了解生命延续源于生物个体能够生长、发育和繁殖后代；鼓励儿童在生活实践中进行生命体验，从而激发他们对了解和认识自然界的兴趣，培养他们热爱大自然、爱护生物的情感。

（三）智探宇宙

智探宇宙课程以开展主题探究活动为核心途径，引导儿童生深入探索地球与宇宙的相关现象、事物及其规律。我们还依托馆校协同育人机制，积极充实、开发与优化课程资源，旨在激发儿童的探究热情，并培养他们的空间想象、模型思维、逻辑推理等能力。

（四）智造工程

智造工程提倡跨学科学习方式，以问题解决为导向，设计学习项目；将科学、工程、技术融合为一体，强调在创造的过程中重视人类的需求，知道需求是推动科学技术发展的重要因素；让儿童体会到"做"的成功和乐趣，并养成通过"动手做"来解决问题的习惯；引导儿童应用科学、技术与工程知识，创造多彩的人工世界。

二、学科课程设置

"智创科学"课程为6个年级设置了上、下两个学期的课程内容，每个学期均包含智观世界、智享生命、智探宇宙、智造工程4个类别的内容。这些丰富的课程内容旨在激发学生的探究兴趣，促进他们深入学习（见表5-3-1）。

表 5-3-1　西安高新第一小学"智创科学"拓展课程

年级学期	课型			
	智观世界	智享生命	智探宇宙	智造工程
一年级上	时光穿梭小小建模师（一）	鸟语花香科普影音（一）	隐形的翅膀地球和月亮（一）	滚动的"步伐"3D涂鸦笔（一）
一年级下	生命之源小小建模师（二）	自然世界交响曲科普影音（二）	小淘气历险记地球和月亮（二）	无敌小水轮3D涂鸦笔（二）
二年级上	害羞的松果小小建模师（三）	爱捉迷藏的蚯蚓科普影音（三）	日月星辰地球和月亮（三）	跳跃的足球3D涂鸦笔（三）
二年级下	材料大世界小小建模师（四）	小动物大智慧科普影音（四）	神奇的两极地球和月亮（四）	小小助手螺丝钉3D涂鸦笔（四）

续表

年级学期	课型			
	智观世界	智享生命	智探宇宙	智造工程
三年级上	固体？液体？ 飞天航模 （一）	人体旅行 科普阅读 （一）	山河湖海 神秘太阳系 （一）	荒野求生 小小创客 （一）
三年级下	叮叮咚咚仔细听 飞天航模 （二）	植物宝宝长大啦 科普阅读 （二）	风雨莫测 神秘太阳系 （二）	纸短情长 小小创客 （二）
四年级上	冰火两重天 飞天航模 （三）	喝牛奶的大学问 科普阅读 （三）	地球以外有生命吗？ 神秘太阳系 （三）	发射吧，小火箭 小小创客 （三）
四年级下	碰撞之前停下来 飞天航模 （四）	我的蚕宝宝 科普阅读 （四）	狂暴的灾难 神秘太阳系 （四）	回家吧，降落伞 小小创客 （四）
五年级上	七色光 飞翔无人机 （一）	人体的发动机 科普畅作 （一）	白天和黑夜 飞向宇宙 （一）	做个电磁铁 我爱小发明 （一）
五年级下	未来机械城 飞翔无人机 （二）	最强大脑 科普畅作 （二）	点石成金 飞向宇宙 （二）	纸牌屋 我爱小发明 （二）
六年级上	化妆的铁钉 飞翔无人机 （三）	小小微生物 科普畅作 （三）	蓝色的家园 飞向宇宙 （三）	送你一朵变色花 我爱小发明 （三）
六年级下	引爆能量 飞翔无人机 （四）	隐藏自己 科普畅作 （四）	当我飞向太空 飞向宇宙 （四）	做个热水器 我爱小发明 （四）

第四节　亲历智慧而创新的科学之旅

　　"智创科学"课程根据学生的身心发展特点，以培养学生的创新能力、发展学生的核心素养为目标，通过整合校内外教育资源，梯级打造以课堂为主阵地、课程为主渠道、活动为主窗口、社团比赛为主平台的课程内容。该课程从

"智创课堂""智创课程""智创社团""智创节日""智创研学"及"智创比赛"等 6 个方面致力于打造普适性、多元化、高层次的科技教育,以期在学生的科学旅程中激发创意、启迪智慧。

一、构建"智创课堂",提升学生的核心素养

"智创课堂"在有限的时间和空间内,通过设置特定的任务和创设真实的情境,使学生能够自由并有效地进行科学探究。它是以实践探究为核心的课堂,引导学生基于证据,运用各种信息分析和逻辑推理得出结论。学生还需要公开研究结果,接受质疑,并不断更新和深化自己的理解。

(一)"智创课堂"实践与操作

"智创课堂"是真实、生本且高效的课堂,以培养学生终身受益的能力为目标,致力于营造轻松愉悦的学习氛围,并精心设计符合学生实际情况的学习活动,使学生在动手探索的过程中学习科学知识,探究科学原理,从而凸显学生的主体地位。

"智创课堂"创设真实情境,鼓励学生提出具有研究价值的问题,并让他们亲历实践过程,体验像科学家一样做研究。问题的真实程度越高,学生所需调动的知识与技能就越多,同时解决问题后可能产生的积极影响就越深远。

"智创课堂"给予学生能动空间,以学生的积极参与为前提,践行新课程倡导的自主学习、合作学习、探究学习。教师应转变角色,成为学生学习的合作伙伴,并组建"学习共同体",与学生进行平等的对话与交流。

课前,教师发布研究单,引导学生借助网络搜集、筛选相关信息,以挖掘学生的前认知概念。教师需及时跟进学生的学习情况,调整教学设计,构建高效课堂,确保学生在有限的时间内进行高效学习,进而推动"智创课堂"的深入实施。

(二)"智创课堂"评价标准

"智创课堂"对教师的教学效果和学生的学习情况进行评价,重视学生的全面发展,关注学生综合运用多学科知识解决问题的能力;帮助教师不断总结经验,以评促教,实现高效教学,逐步形成独特的课堂文化,具体见表 5-4-1。

表 5-4-1　西安高新第一小学"智创课堂"评价标准

评价项目	评价要点	评价	
		权重	得分
教学目标	"四维"目标：科学观念、科学思维、探究实践、态度责任。紧扣课程标准和教材，依据学情，设定合理	10%	
教学行为	教学内容适合学生的认知发展水平，容量恰当；注意知识的拓展、能力的迁移；联系生活实际，体现人文性和科学性；努力开发、利用教学资源	10%	
	教学方法突出学生的自主学习、合作学习和探究学习，给予学生充足的时间；根据学习方式创设恰当的问题情境；鼓励学生质疑、创新；根据教材特点、教材内容和具体的教学情境，灵活地运用教学方法，富有教学智慧	10%	
	教学手段能根据实际，采用直观、形象的教具和现代教学手段辅助教学，创造性地改进教学内容和问题呈现方式，有效整合教学资源	10%	
	教学过程合理，重视探究过程并巩固、深化、应用；教学环节衔接自然，突出重点，突破难点；重视发展思维、培养能力的过程，并注重过程调控	15%	
	教学评价关注学生的课堂感受，尊重和信任学生；激励方式灵活多样，竞争适度，氛围和谐	10%	
学生表现	在学习中感受到乐趣，注意力集中，愿意学习；思维活跃，能自主学习，合作交流，积极探究	10%	
	学习方法科学、高效，能主动进行探究活动，并制订合理的探究计划	10%	
	不同层次的学生均能积极参与课堂教学，师生、生生之间互动交流平等、积极、有效	15%	
总评			

备注：总评以等级制呈现，总分 85 分及以上为优秀，70～84 分为良好，60～69 分为合格，60 分以下为再努力

二、开发"智创课程"，激发学生的探索热情

我们以《全民科学素质行动规划纲要（2021—2035 年）》为指导，遵循学校"5E"课程体系架构，深入贯彻落实课改要求，并结合课程专家及学校领导的宝贵建议，开发出启迪智慧、激发探索热情的"智创科学"课程体系。

（一）"智创课程"实践与操作

"智创课程"秉承导向性、自主性、创新性和科学性4大原则，采用"内容＋方法"的形式，使学生能够在探究中发现和解决问题，达到创新学习的目的。课程从基础与拓展、必修与选修、低段与高段3个维度设立课程群，设有班级基础课、社团选修课、节日拓展课和研学提升课等不同维度的子课程。

（二）"智创课程"评价标准

"智创课程"关注学习过程，注重科学实践，强调交流与合作，主要从课程目标、课程实施和课程效果等方面进行评价，让评价与教学过程相互交融，从而促进和保证学生与教师的共同发展（见表5-4-2）。

表 5-4-2　西安高新第一小学"智创课程"评价标准

评价项目	评价要点	评价	
		权重	得分
课程目标	充分挖掘学生的前认知概念，基于学生当前的发展水平及知识技能有待提升的领域，开发设计具有意义的课程内容，设置合理的目标，有效发展学生的核心素养	20%	
课程实施	课程设计合理，采用多样化的教学手段，始终坚持以学生的需求为设计导向，并符合课程大纲要求	50%	
	课程内容贴近生活，有较为充分的准备，语言表达清楚；能根据教学计划，因材施教，认真指导学生进行实践学习，切实发展学生的科学思维与科学素养		
	关注科技前沿发展与教育理念的变化，及时更新教学内容与教学方法，充分利用多媒体等教学辅助工具，将抽象的教学内容具体化		
课程效果	课程设定目标达成良好，课程实施过程流畅，能够激发学生的学习兴趣，点燃学生的探究热情	30%	
	学生在课程学习过程中学会与人合作、积极参与，能够表达自己的观点和见解；尊重他人，学会倾听，养成良好的学习习惯，并树立正确的科学价值观		
总评			
备注：总评以等级制呈现，总分85分及以上为优秀，70～84分为良好，60～69分为合格，60分以下为再努力			

三、组建"智创社团",激发学生的创造潜力

现代智能理论认为,人的智力具有多元性,其发展是不均衡的。在班级授课制的教育环境下,"智创社团"成为学生实现个性化学习的重要途径。它不仅丰富了学生的课余生活,还开阔了学生的视野,提升了学生的科学素养,进而激发了学生的创新思维和创造能力。

(一)"智创社团"实践与操作

社团课程从学生的兴趣出发,关注内在需求,为学生提供了一个自主发展的空间,实现学生素养的提升和能力的发展。目前,我校共开设了航模社团、建模社团、3D 魔法笔社团、科学魔术社团、科学探究社团、小创客社团、飞翔无人机社团、小小发明家社团等 8 类科技社团,并针对不同学段设置了相应类型的社团活动。根据学生的认识水平和心理特征,我校将 6 个年级划分为初、中、高 3 个学段,并为每个学段匹配了适合的社团课程。

1. 航模社团

航模社团由航模爱好者组成,活动内容涵盖基础航空理论知识的学习,以及基础航模的组装、调试、飞行方法与技巧的训练。该社团旨在丰富学生的航空科普知识,同时提高他们的实践能力和创新能力。

2. 建模社团

建模社团注重提升学生的动手实践能力,通过从简单到复杂的构图、从平面到立体的空间构建,以及从塑料到木质等多样化材料的运用,使学生有机会经历从无到有的创造过程,从而提高他们的动手操作能力。

3. 3D 魔法笔社团

3D 魔法笔社团运用神奇的 3D 打印涂鸦笔,将学生的视觉想象力与空间构图能力相结合,让学生在创意与美学的融合中感受创造的乐趣。

4. 科学魔术社团

科学魔术社团从原理揭秘、道具制作与改善、表演展示 3 个方面开展活动,通过观察与思考、实践与创新、表达与展示 3 个维度,培养学生独立思考的能力,引导他们走向深度学习。

5. 科学探究社团

"科学探究社团"以提升学生的实践能力为核心,组织开展科学影音学堂、

科学小实验、微课题探究、创客创意制造等多样化活动,让学生经历完整的科学探究过程,学会用科学思维解决问题。

6. 小创客社团

小创客社团以项目学习为主要方式,鼓励学生运用数字化工具不断迭代设计,同时倡导造物精神,鼓励分享成果,从而培养学生的团队协作能力和创新能力。

7. 飞翔无人机社团

飞翔无人机社团通过基础理论学习与实践操作的紧密结合,让学生掌握无人机飞行和航拍的技巧,同时激发学生的创新精神与探索欲望,并培养其空间感和方向感。

8. 小小发明家社团

小小发明家社团专注于培养学生的创意思维,引导学生在头脑风暴中积极分享观点与创意,学习基本的发明方法;鼓励学生利用工具进行实践创造,最终完成发明作品,用科技改善生活。

(二)"智创社团"评价标准

学生社团作为校园文化生活的重要载体,对知识的积累、能力的塑造和思想道德素质的培养起着重要的作用。社团活动中合理的评价不仅是对学生学习状态的考查,还是对学生各方面能力的一种肯定与激励,可以充分激发学生与教师的创造潜能,促进社团的发展与壮大(见表5-4-3)。

表 5-4-3　西安高新第一小学"智创社团"评价标准

评价项目		评价要点	评价结果	
			权重	得分
活动理念		以学生的发展与提升为宗旨,符合我校"智创科学"的教育理念,重视实践能力和创新思维的培养	10%	
活动过程	目标达成	以培养学生的素养为核心,活动目标明确,符合学生实际,并能根据学情变化灵活调整	10%	
	指导方法	在活动中坚持"教师为主导、学生为主体、问题为主轴、实践(练习)为主线"的原则,面向全体学生,反馈及时,方法合理	10%	

续表

评价项目		评价要点	评价结果	
			权重	得分
活动过程	组织管理	活动设计合理，多法结合，讲授时间不超过 1/2，保证学生有充足的动手实践时间。学生自主管理社团，为社团发展提出建议	20%	
	内容设置	课程内容开放、容量适中、层次分明、针对性强。学生可自主选择活动内容，以激发兴趣	10%	
活动成果	素养发展	活动中注重德育渗透和情感熏陶，使学生养成爱观察、善思考、勤实践、乐分享的良好习惯	20%	
	社团影响	每学期组织一次校内展示活动，确保活动有条不紊地进行，时间安排合理；树立社团品牌，形成特色，扩大社团的影响力	10%	
	活动效果	学生能够举一反三，从不同的角度看待问题，灵活运用方法解决新问题，富有创造力；能成功地完成任务，达到预期效果。整个活动气氛热烈，社员热情参与，通力合作	10%	
总评				
备注：总评以等级制呈现，总分 85 分及以上为优秀，70～84 分为良好，60～69 分为合格，60 分以下为再努力				

四、打造"智创节日"，启迪学生的科技智慧

"智创节日"致力于激发学生的学习兴趣，挖掘学生的潜能，积极推动校园科技活动的蓬勃发展。节日内容设置与活动形式突出学生的主体性，鼓励学生全员参与，为学生展示学习成果提供平台，让他们在充满仪式感的节日中留下更多有趣的体验与回忆。

（一）"智创节日"实践与操作

为丰富"智创节日"的课程内涵，我们设立了校园科技节与校园创意节等节日。这些节日旨在将课堂知识与课后拓展相结合，激发学生的设计与创造灵感，并发展他们的团队分工与合作能力。

1. 校园科技节

校园科技节为学生展示科学学习成果提供了重要平台，让学生在参与中

体验科学,感悟科技节日的内涵。每一届科技节都围绕学校主题展开,各年级则根据学生的思维发展需求和兴趣点设置小主题,包括科学知识竞答、科技小发明、科学影音学堂、科技大篷车等多个项目。这些项目既包括了全员参与的实践活动,又提供了自主选择的拓展活动。

2. 校园创意节

校园创意节为学生展示创造能力和特长提供了重要平台,以具体的知识和技能为载体,综合考虑科学素养的各个维度,设置了分段式活动,如低段的"亲子创意牙签塔活动"、中段的"蔬果拼盘创意比拼"及高段的"梦想与发明创意征集活动"等,旨在鼓励学生进行创意设计,并展示他们的独特才华。

(二)"智创节日"评价标准

节日活动开展的规范化与科学化是课程高效实施的重要保证,为促进节日的有效开展,我们设计了"智创节日"评价标准(见表 5-4-4)。

表 5-4-4　西安高新第一小学"智创节日"评价标准

评价项目	评价要点		评价结果	
			权重	得分
科学素养	科学观念	可以将教材所学和课外积累的知识灵活运用在制作中	15%	
	科学思维	能突破生活中常见问题的思维定式,提出有一定新颖性和合理性的思路	15%	
	探究实践	乐于探究作品制作的原理,能对作品进行改进和完善	15%	
	态度责任	积极参加节日活动;分工合理,合作高效;善于总结经验,不怕失败	15%	
作品展示	科学性	作品设计与制作遵循科学原理	20%	
	创新性	具有创新意识,敢于尝试利用新方法、新技术创作作品	20%	
总评				
备注:总评以等级制呈现,总分 85 分及以上为优秀,70～84 分为良好,60～69 分为合格,60 分以下为再努力				

五、开展"智创研学"，发展学生的实践能力

"智创研学"旨在培养学生的创新意识和实践能力，打破了校内教育资源的局限性，通过新方法和新形式来提升学生的科学素养。

（一）"智创研学"实践与操作

"智创研学"课程旨在加强学生对集体生活方式和社会公共道德的融入与认同，秉承"读万卷书，行万里路"的教育理念和人文精神，促进理论知识和生活经验的深度融合，以拓宽学生视野，丰富学生的科学学习经历，增强学生的社会实践能力，并提升思想道德素质。

"智创研学"以班级为单位开展活动，根据活动主题聘请具有专业特长的教师作为向导，组建研学团队。在研学开始前，我们制定了详细的活动方案，规划合理的路线，并落实医疗安全防护等各项安全保障措施。在研学过程中，我们组织学生记录自己的感悟和思考，并在研学结束时，指导学生以PPT、手抄报等多种形式进行分享，让学生在"智创研学"中学习，在实践中接受教育，在体验中收获成长。此外，我们还针对不同学段学生的认知水平，设置了不同类型的研学活动，以便更好地满足学生的学习需求（见表5-4-5）。

表 5-4-5　西安高新第一小学"智创研学"课程

年级	研学主题	研学地点	研学内容
一年级	生命旅程	西安植物园、西安秦岭野生动物园	走进大自然，近距离观察植物，了解植物的生长过程，了解动物的种类，观察动物的习性，懂得爱植物、爱动物、爱生命
二年级	自然旅程	陕西省自然博物馆、大唐芙蓉园	观察昆虫王国，观察动植物标本，了解古生物，了解传统文化；参观唐代宫殿，提高文化内涵与修养
三年级	历史旅程	汉阳陵博物馆、秦始皇兵马俑博物馆	了解世界八大奇迹，近距离观察兵马俑，了解历史，了解文物保护，感受中华民族悠久的历史文化
四年级	科技旅程	西安科技馆、九号宇宙	了解科技前沿，体验有趣的科学活动，观察神奇的科学现象，探究宇宙奥秘，感受科学的魅力

续表

年级	研学主题	研学地点	研学内容
五年级	地质旅程	翠华山国家森林公园、黑河国家森林公园	寻找不同岩石,了解岩石的种类,培养实地考察的探究能力,提升合作与交流能力
六年级	人文旅程	陕西历史博物馆、阎良航空城	探秘中华历史,丰富阅历,了解飞机的种类,了解基本的动力学原理

(二)"智创研学"评价标准

为了确保"智创研学"课程的教学质量和实践安全,保证课程实施的有效性,我们基于学生的研学成果,制定了相应的评定方案,用于对研学活动过程进行评价(见表5-4-6)。

表5-4-6 西安高新第一小学"智创研学"评价标准

评价项目		评价要点	评价结果	
			权重	得分
活动设计		紧扣课程标准和学科知识内容,有明确的研学目标、研学内容,注重学生实践活动能力、创新能力的培养	10%	
活动过程	活动准备	活动准备充分,有具体的课程实施方案、活动流程、完备的风险预估及对策	10%	
	指导方法	学生研学时间规划合理,坚持"教师为辅、学生为主"的原则,引导学生自主探究,并提出解决问题的方法,适时对学生进行学习方法和相关知识的指导	20%	
	组织管理	按照研学目标有序开展活动,学生积极参与,整体研学活动效果好	20%	
活动成果	素养发展	以科学知识为主,渗透素质教育,培养学生的科学精神和科学探究能力,同时提升学生的社会公共道德水平	20%	
	研学影响	通过研学活动,学生能全程参与研学过程,并在实践中接受教育,有自己独特的感受和思考	10%	

评价项目	评价要点		评价结果	
			权重	得分
活动成果	活动效果	学生通过积极参与研学旅行,丰富科学知识,学会从不同角度看问题,实现理论与实践的紧密结合,提升自己的实践能力和综合能力,在体验中收获成长	10%	
总评				
备注:总评以等级制呈现,总分85分及以上为优秀,70～84分为良好,60～69分为合格,60分以下为再努力				

六、推进"智创赛事",优化学生的应用技能

"智创赛事"的组织、筹划与推进,能够培养并强化师生的科学精神、创新精神和实践能力,提升师生的科学素养,为我校学生和辅导教师搭建一个展示和交流科技活动成果的平台。

(一)"智创赛事"实践与操作

为推动我校科技特长教育的进一步发展,优化学生的应用技能,深挖学生的潜能,我校积极组织学生参加各级各类科技比赛。我们坚持"赛前有目标、赛中有指导、赛后有反思"的比赛原则,鼓励学生将兴趣爱好培养成一技之长,为个人增光、为校添彩。目前,我校已参加航模设计、制作与飞行类、创新发明类及自然科普类等三类比赛。

(二)"智创赛事"评价标准

为确保"智创赛事"课程的教学成果和课程实施的有效性,我们基于学生的赛事参与度和素养发展情况,制定了相应的评定方案,用于评估科技赛事的全过程(见表5-4-7)。

表5-4-7 西安高新第一小学"智创赛事"评价标准

评价项目	评价要点		评价结果	
			权重	得分
参与与宣传	参与度	1. 积极报名参加各类比赛和活动。 2. 认真参加相关培训与学习	30%	

续表

评价项目		评价要点	评价结果	
			权重	得分
参与与宣传	宣传度	自发向身边的老师、同学和家长进行相关内容的介绍与宣传	20%	
科学素养	知识运用	可以将书本所学知识和生活积累的经验运用于比赛当中	20%	
	科学探究	1. 赛前培训时有科学的思考、严谨的规划与设计，以及富有创造性的动手能力。 2. 在作品制作时乐于探究其原理，经历完整的探究过程	30%	
总评				
备注：总评以等级制呈现，总分85分及以上为优秀，70～84分为良好，60～69分为合格，60分以下为再努力				

　　"智创科学"课程以创新为契机，顺应儿童天性，激发儿童对未知世界的探索欲望。在课程实施的过程中，我们引导儿童在求知过程中深入理解科学原理，帮助他们构建科学探索体系。通过这种方式，儿童在充满奥秘的科学旅程中不仅能够感受美好，还能激发创意，启迪智慧。

第六章
悦动体育：在运动中健育身心

运动是体育的灵魂，悦动是体育的追求。"悦动体育"针对儿童的身心特点，巧妙地将运动与乐趣有机结合，将体育教学与学科育人有机结合，以"悦动课堂""悦动课程""悦动体育节""悦动社团""悦动赛事"为载体，激发儿童的运动兴趣，培养儿童的运动习惯，提升儿童的运动能力，让他们享受健康，铸就坚韧品格，形成终身体育意识，从而在运动中健育身心。

西安高新第一小学的体育与健康学科在学校"一品文化"的引领下，以教育部《义务教育体育与健康课程标准（2022年版）》和中共中央、国务院《关于深化教育改革，全面推进素质教育的决定》为指导，以情感体验为桥梁，以身体活动为主线，加强体育学习与生活、生命的联系，提高儿童的运动能力，培养健康行为，塑造儿童的体育品格。体育与健康学科按照学校"5E"课程规划，不断推进学科课程建设，构建了"悦动体育"课程体系。

第一节　悦动是体育的追求

体育与健康学科以运动技能传授为载体，旨在培养学生积极主动的学习态度。这是学生获取基础知识与基本技能的过程，同时也是学会学习和形成正确价值观的过程。它倡导全面和谐发展的教育理念,以适应发展需求为导向,根据儿童的身心特点来设置体育与健康课程的内容。它关注儿童的学习兴趣和经验,尊重个体差异和需求,鼓励儿童主动参与、乐于探究、勇于实践,从而培养他们获取新知识的能力及分析和解决问题的能力。通过这样的教育,我们期望生命在"悦动体育"中绽放精彩,同时体现体育与健康课程结构的均衡性、综合性和选择性。

一、学科价值观

体育学科遵循学科发展规律,结合儿童的身心发展特点,将体育核心素养融入课堂、体育节、社团和赛事中,注重激发儿童的运动兴趣,引导儿童掌握体育与健康的基础知识、基本技能和方法,增强儿童的体质,培养儿童的意志品质、合作精神和交往能力,为终身参与体育锻炼奠定坚实的基础,让儿童在运动中健育身心。

二、学科课程理念

"悦动"是体育学科的核心价值,其中"悦",即快乐、享受,以体验运动情感为基础,遵循身心发展的客观规律,创造愉悦的运动环境,让儿童享受运动的快乐;"动",即运动,是在活动中让儿童提升运动技能,体验运动价值,在教育教学中"悦动"身心。

"悦动体育"是快乐的课程,强调人只有保持心情愉悦的状态,才会更加健康。"悦动体育"遵循儿童的身心发展特点,旨在让每个儿童都能积极上好体育课,并愉悦地享受体育运动,从而培养他们对体育运动的热爱,进一步激发他们的运动兴趣。

"悦动体育"是阳光的课程,旨在引领儿童健康地成长,而这正是我们教育工作者的首要职责。"悦动体育"课程始终坚守"健康第一"的指导思想,致力于让儿童在健康快乐的氛围中成长,关注儿童的身心健康和社会适应能力,并在体育、生理、心理、卫生、安全等诸多领域教育儿童,以培养儿童养成良好的健康行为习惯。

"悦动体育"是多元的课程,提供丰富多元的体育游戏、体育赛事、体育社团等资源,让儿童主动参与、乐于探究、勇于实践;在快乐、愉悦、主动、互动、灵动的氛围中,帮助儿童提升运动技能和问题解决能力。这还体现出体育课程均衡性、综合性和选择性的特点。

第二节　强身健体,育人育心

《义务教育体育与健康课程标准(2022 年版)》指出:"义务教育体育与健康课程以身体练习为主要手段,以体育与健康知识、技能和方法为主要学习内容,以发展学生核心素养和增进学生身心健康为主要目的,具有基础性、健身性、实践性和综合性等特点,是学校教育的重要组成部分,对促进学生德智体美劳全面发展具有非常重要的价值。"

一、学科课程总体目标

"悦动体育"课程尊重儿童的个性需求,巧妙地将运动技能与运动乐趣相结合,以情感体验为桥梁,以身体活动为主线,建立了体育学习与生活、生命的紧密联系。它致力于培养儿童崇尚健康、自主健身的运动习惯,力求达到健育身心、享受体育的目标。我校从运动参与、运动技能、身体健康、心理健康与社会适应、4 个方面入手,结合实际情况制定了总体目标。

(一)运动参与目标

儿童乐于参与运动,享受运动带来的快乐,并在运动过程中激发兴趣,养成良好的健身习惯。

(二)运动技能目标

儿童应该了解运动常识,获取基本的运动知识,掌握体育运动技能;重视体育活动和日常生活中的安全问题,学会在运动中自我保护,从而为终身体育奠定坚实的基础。

(三)身体健康目标

儿童应该掌握基本的保健知识和方法,增强安全意识;掌握正确的锻炼方法,塑造良好的体形和身体姿态,全面发展体能与健身能力,提高适应自然环境的能力。

(四)心理健康与社会适应目标

儿童应该养成坚强的意志品质和顽强的拼搏精神,在体育运动中学会调控情绪的方法,发扬体育精神,形成积极进取、乐观开朗的生活态度,增强合作意识,铸就良好的体育品德。

我们应该引导儿童感受体育的魅力,并在这个过程中帮助他们强身健体、陶冶情操、启迪智慧、丰富人生体验,从而培养他们团结协作、坚强勇敢、积极进取的生活态度,为他们的健康成长保驾护航。

二、学科课程年级目标

我们依据《义务教育体育与健康课程标准(2022年版)》、参考教材和教学用书,从运动参与、运动技能、身体健康、心理健康与社会适应4个方面将"悦动体育"课程的目标体系划分为"悦动参与""悦动技能""悦动健康""悦动品格"4个板块,并将上述总体目标转化为具体的年级目标。这里,我们以三年级目标为例,展示一个年级的目标(见表6-2-1)。

表6-2-1 西安高新第一小学"悦动体育"课程三年级目标

学期	单元	课程目标
上学期	第一单元	1. 共同要求。 (1)了解《国家学生体质健康标准》,积极参与各类体育锻炼。 (2)熟悉本水平阶段测试项目和要求,了解自己的体质与健康状况,从而有针对性地选择锻炼方式。 (3)了解自身的体质健康水平,促进身体的全面发展。 (4)养成积极主动、持之以恒的优良品质。 2. 校本要求。 (1)了解《国家学生体质健康标准》,明确测试项目和方法。 (2)通过学习,掌握正确的动作方法和技巧,根据自身体质健康状况制订健身计划。 (3)积极参与各项运动,培养自主锻炼的能力,提高综合素质
	第二单元	1. 共同要求。 (1)积极参与到队列队形的学习与练习活动中。 (2)熟悉队列和体操队形的名称、基本术语和动作要领,基本掌握报数、立正、稍息、看齐、跑步齐步互换的动作要领。

学期	单元	课程目标
上学期	第二单元	（3）发展身体的灵敏性、协调性和判断力等能力,养成良好的身体姿态。 （4）养成听从指挥、服从命令的良好品质,增强集体意识。 2. 校本要求。 （1）积极参与学习与锻炼,学习花棍的组合动作,为后面的队伍编排做好铺垫。 （2）通过学练,熟练掌握"蜻蜓点水""翻江倒海""张飞骈马"等动作。 （3）发展身体的灵敏性、手眼协调性和判断力,培养视觉空间感。 （4）养成相互合作、勇于挑战、不怕困难、团结协作的精神
	第三单元	1. 共同要求。 （1）积极参与到韵律活动与舞蹈的学习中,了解其锻炼价值。 （2）通过韵律活动的学习与舞蹈的学练,学会简单的韵律活动技巧及成套舞蹈动作。 （3）提升动作的协调性、节奏感和自我表现力。 （4）养成良好的身体姿态,培养快乐的情绪与高雅的美感。 2. 校本要求。 （1）积极参与到校园啦啦操的学习中,了解啦啦操的锻炼价值。 （2）通过校园啦啦操的学练,学会简单的成套基本动作
	第四单元	1. 共同要求。 （1）积极参与跳绳活动,了解其锻炼价值。 （2）掌握单项单脚交换跳短绳、集体项目"8"字跳长绳等基本动作的方法和技能。 （3）发展身体的灵敏性、协调性、弹跳力和控制能力。 （4）养成积极进取、相互鼓励、互帮互助的优良品质。 2. 校本要求。 （1）参与到跳绳练习和游戏活动中,了解其健身价值。 （2）掌握双人跳绳项目和"一带一钻""双摇""集体长绳1-5-1-0"等技术动作。 （3）激发学习兴趣,增强竞争与合作意识
	第五单元	1. 共同要求。 （1）积极参与到跑的学练与游戏当中。 （2）学习50米快速跑（站立式起跑方法）、400米等中长距离耐久跑的动作技巧,体会呼吸与跑的节奏配合,发展奔跑能力,掌握正确的跑姿。 （3）发展速度、力量和一般耐力等身体素质,促进身体的协调性、灵活性和奔跑能力。 （4）养成勇敢顽强、敢于竞争、不怕困难、坚持到底的良好品质。 2. 校本要求。 （1）积极参与各种形式的跑与游戏,了解其健身价值。 （2）通过学练,掌握正确的跑步方式,并学以致用。 （3）激发学练兴趣,培养学生吃苦耐劳的品质

学期	单元	课程目标
上学期	第六单元	1. 共同要求。 （1）积极参与双脚连续跳上跳下、助跑单脚起跳、手或头触物、蹲踞式跳远等跳跃运动。 （2）学会多种跳跃方式，学习蹲踞式跳远助跑与起跳相结合的技术，了解其锻炼价值，学会游戏方法。 （3）在游戏中发展跳跃能力和弹跳力，增强腿部力量，促进身心和谐健康发展。 （4）养成遵守纪律、刻苦锻炼的优良品质。 2. 校本要求。 （1）掌握不同形式的跳跃方法，了解其健身功能。 （2）通过参与跳跃与游戏，学生能够自主说出蹲踞式跳远的基本步骤，并积极参与练习。 （3）提高学生的跳跃能力，培养学生不怕困难、勇于挑战的精神品质
	第七单元	1. 共同要求。 （1）了解小篮球运动中一些基本的技术动作名称和术语。 （2）掌握小篮球原地和行进间运球、原地双手胸前投篮的动作方法。 （3）发展速度、力量、灵敏、协调等综合身体素质，增强对篮球的进一步感知能力。 （4）养成遵守规则、与同伴友好相处、敢于面对各种困难的意志品质。 2. 校本要求。 （1）掌握小篮球原地和行进间多种运球方法；学会基础的胸前传接球、击地传接球、双手胸前传接球及移动时双手胸前投篮的动作方法，并能够在游戏和趣味比赛中运用。 （2）发展体能，提高对球体的感知能力，如人与球体的距离感、空间感等能力。 （3）养成果敢、机敏、顽强等品质，提高抗挫折能力和团队协作能力
	第八单元	1. 共同要求。 （1）激发对武术的学习兴趣，享受参与武术活动带来的乐趣；了解武德和武术的内涵。 （2）在复习巩固1～2年级已学内容的基础上，继续学习武术的基本功，为学习新的技术动作打下基础。 （3）发展身体的柔韧性、灵敏性、协调性、力量和平衡等能力。 （4）通过互学互评、相互分享与鼓励，提升交流与合作能力。 2. 校本要求。 （1）积极参与武术活动，明确武术的文化内涵及健身价值。 （2）学习武术的基本手型和步伐，熟练掌握学校自编的成套武术套路；发展学生的柔韧性、协调性和灵敏性等身体素质。 （3）通过练习，学生能够积极展示自我；培养学生吃苦耐劳、不怕困难的体育品质

续表

学期	单元	课程目标
上学期	第九单元	1. 共同要求。 （1）积极主动参与到"前滚翻成坐撑""前滚翻成蹲撑"的学习中，了解其锻炼价值。 （2）了解前滚翻动作的基本知识和实用意义，能使用专业术语描述已学动作，能说出同类动作的不同变化，能初步掌握"前滚翻成坐撑""前滚翻成蹲撑"单个动作与联合动作的方法和技能，并学会保护与帮助方法。 （3）强化腰腹、上下肢力量，提升灵敏性、协调性和平衡感。 （4）体验运动乐趣，增强安全意识和能力，养成自信、勇敢、坚毅和勇于克服困难的良好品质。 2. 校本要求。 （1）能够主动参与滚翻练习，说出练习前滚翻的基本方法，明确其健身价值。 （2）学习并掌握简单的滚翻动作及其组合技巧，了解滚翻在日常生活中的应用场景，增强在突发情况下自我保护的能力。 （3）通过练习，增强学生的团队合作能力，培养学生勇敢自信、超越自我的良好品质
下学期	第一单元	1. 共同要求。 （1）了解营养不良与肥胖的成因和危害，掌握正确的读写姿势和良好的用眼卫生习惯。 （2）通过学习，知道预防肥胖与营养不良、保护眼睛与预防近视的方法。 （3）实现均衡饮食、健康用眼，从而降低营养不良、肥胖和眼病的发生率。 （4）养成科学的饮食与卫生习惯，保证健康茁壮成长。 2. 校本要求。 （1）了解营养不良与肥胖的成因和危害，并学会正确地保护眼睛。 （2）能够说出预防肥胖与营养不良及保护眼睛、预防近视的方法。 （3）养成健康的生活方式
	第二单元	1. 共同要求。 （1）积极参加到队列队形的学习与练习活动中。 （2）熟知队列和体操队形的名称、基本术语和动作要领，熟练掌握报数、立正、稍息、看齐、跑步齐步互换的动作要领，了解左（右）转弯走的动作要领。 （3）养成正确的姿势，保持良好的身体姿态，提高身体的协调性、灵敏性和节奏感。 （4）养成听从指挥、遵守课堂纪律的良好品质，增强集体观念和合作意识。

续表

学期	单元	课程目标
下学期	第二单元	2. 校本要求。 （1）积极参与学习与锻炼，学习花棍的组合动作，能够完成队伍编排的动作。 （2）能够熟练地在队伍中打出"蜻蜓点水""翻江倒海""张飞骊马"等动作。 （3）发展身体的灵敏性、手眼协调性和判断能力，提升视觉空间感。 （4）养成相互合作、勇于挑战、不怕困难、团结协作的精神
	第三单元	1. 共同要求。 （1）积极参与到跑的学练与游戏当中。 （2）通过学练，初步掌握 50 米短距离迎面接力跑、障碍跑等多种方式的动作技巧，并采用多种游戏进行训练；发展奔跑能力，培养正确的跑步姿势。 （3）发展速度、力量和一般耐力等身体素质，促进身体的协调性、灵活性和柔韧性的发展，提高神经、呼吸、循环系统和内脏器官的机能。 （4）培养勇敢顽强、敢于竞争、不怕困难、坚持到底的良好品质。 2. 校本要求。 （1）积极参与跑与游戏活动，明确其健身价值。 （2）通过学练，能够说出不同方式跑的基本方法，并学以致用。 （3）提高学生的速度、灵敏度和协调性等身体素质，进一步发展学生的奔跑能力
	第四单元	1. 共同要求。 （1）积极参与原地单双脚跳、助跑起跳摸高、跨越式跳高等跳跃运动。 （2）掌握多种跳跃技巧的动作要领，学习跨越式跳高中的助跑与起跳相结合的技术，并学会游戏方法。 （3）发展弹跳能力，增强腿部力量，提高自信心，促进身心和谐健康成长。 （4）养成坚定、沉着、果断的良好品质和团结友爱的集体主义精神。 2. 校本要求。 （1）主动参与各种跳跃与游戏活动，说出相关的动作要领。 （2）学习基本的跳跃技能，能够掌握跨越式跳高的基本动作，说出基本步骤。 （3）通过练习，发展学生的弹跳能力，提高身体素质，同时培养学生勇于挑战、不怕困难的体育精神
	第五单元	1. 共同要求。 （1）积极参与投掷能力的练习与游戏，感受投掷的乐趣。 （2）掌握双手前抛实心球的技能，了解投掷的健身价值。 （3）发展力量、灵敏和协调等身体素质，提高投掷的准确度与远度。

续表

学期	单元	课程目标
下学期	第五单元	(4)通过练习,享受投掷带来的成就感,在锻炼中表现出自信,与同伴友好相处,具有安全意识。 2.校本要求。 (1)参与投掷与游戏活动,明确投掷的健身价值。 (2)通过练习,掌握双手前抛实心球的动作方法及要领,能够在比赛中发挥自身水平。 (3)发展学生的身体协调性,加强安全防范意识
	第六单元	1.共同要求。 (1)积极参与脚内侧踢球技术练习,体验小足球练习的兴趣。 (2)能够清晰地说出足球技术的动作名称,学习脚内侧踢球的基本动作。 (3)发展力量、协调等身体素质,提升上下肢协调发力的能力。 (4)养成勇敢顽强、遵守规则、互帮互助的优良品质。 2.校本要求。 (1)在学习过程中,学生主动进行沟通与交流,相互之间有评价。 (2)培养学生顽强机敏、不怕困难等品质,增强团队协作精神,提高抗挫折能力和情绪调节能力
	第七单元	1.共同要求。 (1)积极参与武术活动,知道武术的锻炼价值。 (2)在复习、巩固已学内容的基础上,学习新的少儿拳内容。 (3)发展柔韧、灵敏、协调、力量和平衡等身体素质。 (4)通过互学互评,培养交流与合作能力;初步了解武术道德,遵守纪律和规则,提高安全意识。 2.校本要求。 (1)积极参与武术活动,明确武术的文化内涵及健身价值。 (2)学习武术的基本手型和步伐,熟练掌握学校自编的成套武术套路,发展学生的柔韧、协调和灵敏等身体素质。 (3)通过练习,学生能够积极展示自我,养成吃苦耐劳、不怕困难的体育品质
	第八单元	1.共同要求。 (1)积极主动参与到后滚翻的学习中,提高对技巧类运动的兴趣。 (2)了解后滚翻的基本知识和实用意义,能使用专业术语描述已学动作,掌握后滚翻和简单组合动作,并能够为同学提供保护与帮助。 (3)增强腰腹、上肢力量,发展灵敏、协调、平衡等身体素质。 (4)体验运动的乐趣,增强安全意识,学会同伴间的保护与帮助方法。 2.校本要求。 (1)能够主动参与滚翻练习,准确说出后滚翻的动作要领,并明确其健身价值。

学期	单元	课程目标
下学期	第八单元	（2）学习并掌握简单的滚翻动作及联合动作要领与技巧，了解滚翻在生活中的实际运用，增强在突发情况下自我保护的能力。 （3）通过练习，提高上下肢的协调配合能力，培养同伴间的友好合作精神，并学会正确的保护与帮助方法
	第九单元	1. 共同要求。 （1）能够说出小篮球运动中基本的动作术语。 （2）巩固小篮球原地和行进间运球、原地双手胸前投篮的动作要领，并能够在游戏中运用。 （3）发展速度、力量、灵敏、协调等综合身体素质。 （4）遵守规则，与同伴友好相处，勇于面对课内出现的各种困难。 2. 校本要求。 （1）发展体能，提高对球体的感知能力，如人与球体的距离感、空间感等能力。 （2）培养果敢、机敏、顽强等心理品质，提高抗挫折能力和情绪调节能力；在游戏和分组赛中学会团队协作

第三节　让体育与生命一起悦动

　　"悦动体育"是我校"5E"课程体系的重要组成部分。根据《义务教育体育与健康课程标准（2022年版）》和体育与健康学科核心素养，并结合我校特点，我校构建了"悦动体育"课程体系，围绕"悦动参与""悦动技能""悦动健康""悦动品格"4大板块，旨在全面促进学生体育与健康核心素养的发展。

一、学科课程结构

　　我校坚持"生命在于运动"的理念，通过体育来焕发新生，让体育与生命共同悦动，使学生们享受美好人生。《义务教育体育与健康课程标准（2022年版）》从"运动参与、运动技能、身体健康、心理健康与社会适应"4个方面，针对不同学段提出了具体的目标要求。基于"悦动体育"的学科理念和课程目标，结合我校特点，我校围绕"悦动参与""悦动技能""悦动健康""悦动品格"这4个板块，构建了体育课程，如图6-3-1所示。

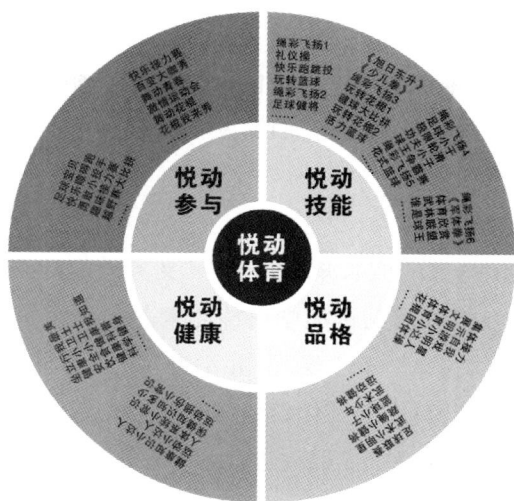

图 6-3-1 西安高新第一小学"悦动体育"课程结构

（一）悦动参与

悦动参与强调运动参与，旨在确保每位同学都能全身心地投入活动中。在这一过程中，同学们不仅身体得到了充分的锻炼，还促使大脑积极运转，激发了无限的潜能，展现了独一无二的个性。最重要的是，他们真实地感受到了运动带来的无尽乐趣。

（二）悦动技能

悦动技能是指运动技能。通过参与体育活动，人们不仅获得身体上的锻炼，还能体验到精神上的享受，如一次成功的射门、一个潇洒的投篮或是随着动感的音乐跳起健美操等。此外，在比赛现场，随着比赛的进行，人们可以尽情呐喊，释放情感，从而在精神上获得一种轻松和愉悦的感觉。

（三）悦动健康

悦动健康是指身体健康。根据儿童的身心特点，我们应该引导儿童初步掌握日常生活中的安全常识，了解疾病预防知识，提高运动安全防范意识，从而全面发展他们的体能和健身能力。

（四）悦动品格

悦动品格是指心理健康与社会适应能力。体育运动不仅使身体变得强壮，还培养勇敢、机智和维护集体利益等品德，从而铸就良好的体育品德。

二、学科课程设置

遵循体育教学和儿童的成长规律，根据《义务教育体育与健康课程标准（2022 年版）》，结合小学体育与健康学科核心素养和我校的实际情况，我们推出了面向全体学生的"悦动体育"课程，并举办了一系列特色鲜明、可持续发展的体育活动。这些活动具有普及化、系统化、特色化等特点。除基础课程外，我们按年级和学期对"悦动体育"课程进行了体系建构（见表 6-3-1）。

表 6-3-1　西安高新第一小学"悦动体育"课程设置

年级	学期	课程			
		悦动参与	悦动技能	悦动健康	悦动品格
一年级	上学期	快乐接力赛	绳彩飞扬 1	坐立行我最美	集体接力
			争做小战士		
	下学期	百变大咖秀	礼仪操	健康小卫士	展示自我
			快乐跑跳投		
			玩转篮球		
二年级	上学期	舞动青春	绳彩飞扬 2	安全小卫士	文明游戏
			足球健将		
			耀武扬威《旭日东升》		
	下学期	激情运动会	跑、跳、投我最棒	饮食健康我知晓	体育小明星
			武术操《少儿拳》		
三年级	上学期	舞动花棍	绳彩飞扬 3	健康科普	体育小达人
			团结协作		
			毽球大比拼		
	下学期	花棍我来秀	活力运动会	科学健身	团队大比拼
			足球盛宴		
			魅力体育节		

年级	学期	课程			
		悦动参与	悦动技能	悦动健康	悦动品格
四年级	上学期	足球宝贝	绳彩飞扬4	安全小卫士	足球联赛
			足球小子		
			极限轮滑		
	下学期	快乐障碍跑	功夫小子	健康知识小达人	武术小明星
			球王争霸赛		
五年级	上学期	勇敢小投手	绳彩飞扬5	运动小达人	跳绳小健将
			花式篮球		
			"筋"神抖擞		
	下学期	趣味接力赛	篮球争霸赛	人体系统小常识	篮球小子
			神功盖世		
六年级	上学期	越野赛大比拼	绳彩飞扬6	保健知识知多少	武术少年
			武术操《军体拳》		
			体育欣赏		
	下学期	激情运动会	武林盟主	运动损伤小常识	运动健将
			谁是球王		
			我运动我快乐		

第四节 生命在运动中绽放精彩

"悦动体育"课程的实施主要从"悦动课堂"的落实、"悦动课程"的打造、"悦动社团"的创设、"悦动体育节"的丰富和"悦动赛事"的推行5个方面展开，并辅以多角度综合评价，让儿童在运动中绽放精彩。

一、落实"悦动课堂"，打牢体育与健康学习基础

课堂是师生之间进行心灵对话的场所，充满人性和诗意。"悦动课堂"以

117

情感体验为桥梁,以身体活动为主线,在教学过程中积极为儿童创设舞台,把课堂和时间还给儿童。在这样的课堂中,儿童能够在自主、合作、探究过程中获取知识、掌握技能,激发对体育的兴趣,体验运动带来的快乐。这一过程不仅使儿童成为课堂的主人,尽情享受体育带来的乐趣,还促进了他们身心的健康发展。

(一)"悦动课堂"实践与操作

"悦动课堂"不仅注重技能的提升,还强调运动中的情感体验,鼓励主动学习,让儿童体验运动的苦与乐,享受运动带来的成长。"悦动课堂"充分发挥体育的育人功能,在课堂上持续渗透德育教育,同时融合健康行为与生活方式、生长发育与青春期保健、心理健康与社会适应、安全应急与避险等多方面的知识与技能,全面整合并体现课程目标、课程内容、过程与方法等多种价值。

"悦动课堂"依据儿童的实际情况确定教学目标,并符合课程标准,旨在让儿童体验运动的乐趣,感受体育的独特魅力和深刻价值。在引导儿童掌握基础技能的同时,"悦动课堂"还鼓励儿童发挥自身特长,并为他们提供一个展现自我的平台。

"悦动课堂"的教学内容充分尊重儿童的个性和需求,巧妙地将运动技能与运动乐趣相结合,使体育学习与生活和成长紧密相连,使崇尚健康、自主健身成为儿童的运动习惯。

"悦动课堂"的教学方法改变了重运动项目的知识传授、重运动技术的技能传授,转而以"悦"为手段,激发儿童的运动兴趣,促使他们积极主动地参与到运动实践中。同时,"悦动课堂"以"动"为载体,促进儿童运动技能和适应社会能力的提升。

(二)"悦动课堂"评价标准

我们在构建"悦动课堂"的过程中,从教学目标、教学内容、教学过程、教学方法、教学效果和教学基本功6个方面进行系统评价,制定了"悦动课堂"评价标准(见表6-4-1)。

表 6-4-1　西安高新第一小学"悦动课堂"评价标准

项目	评价内容	权重	得分	备注
教学目标	目标确定,符合课程标准和实际情况	10%		
	领域目标全面、具体、可评价			
	贯穿在教学的各个环节			
教学内容	选择的教材具有实用价值和针对性	15%		
	掌握教材知识的标准性和教材的教育因素			
	教学内容组织具有合理性、实效性			
	教学方案设计具有系统性、层次性			
教学过程	教学过程具有功能性、艺术性	10%		
	教学过程分配合理			
教学方法	教师的主导作用明显,能合理选择和应用教学方法	25%		
	注重学生的主体性,精心设计与应用教学方法,促进学生主动学习			
	教学组织形式多样化			
	注重教学艺术,采用导入、质疑、解疑和情境教学			
	师生关系和谐,实现教学民主和互动			
	运用多种媒体手段,提升教学效果			
教学效果	教学目标达成度高	20%		
	学生积极参加体育课,行为表现良好			
	学生展现出自主体育的能力			
	学生的情感行为表现			
教学基本功	教师的语言表述和动作示范具有感染性	20%		
	教师具备良好的教态、仪表、举止及情感表达			
	教师具备驾驭调控能力和应变能力			
	教师具备现代化教学手段的运用能力			
等级				

备注:总评以等级制呈现,总分 90～100 分为优秀,80～89 分为良好,70～79 分为一般,70 分以下为差

二、建设"悦动课程",丰富学科课程内涵

"悦动课程"是在体育与健康课程的基础上,结合我校学情、师情、校情及体育与健康学科教育教学的发展趋势,将体育课划分为 2 节常规课、11 节特色课和 11 节校本课,即"2+1+1"模式。这一模式既夯实了常规体育教育的基础,又让儿童能够接触到特色课程,从而形成我校特色品牌。同时,结合学校实际情况,我们打造了适合儿童不同发展阶段的校本课程,使儿童在这样的课程环境中能够打下坚实的体育基础,并深刻体验特色课程的魅力。

(一)"悦动课程"实践与操作

在落实"悦动课程"的过程中,我们着重于课堂常态教研,以课程为抓手,以研促教,教研相辅,致力于构建学习型和研究型的教师团队;积极推广课题研究成果,以提升体育与健康学科的教学效果。此外,我们还努力调动学生的学习积极性,激发他们的学习动力。基于这一导向,我们构建了"2+1+1"特色课程,并通过课堂和多样的活动来践行"悦动课程"的教学理念。

(二)"悦动课程"评价标准

根据"悦动课程"的实践经验,我们可以判断"悦动课程"的评价应从课程理念、实施过程、实施效果 3 个方面进行综合考量(见表 6-4-2)。

表 6-4-2　西安高新第一小学"悦动课程"评价标准

项目	评价内容	权重	得分
课程理念	理念明确、清晰,具有针对性;内容设计丰富,具有可操作性	20%	
	满足兴趣与发展的需求,促进身心健康		
实施过程	能根据教学计划,精心准备,因材施教,认真指导	30%	
	认真记录课程活动过程,针对实施中的问题及时调整		
	制作相关的调查问卷,注重学生的学习感受		
	有科学系统的评价方案		
实施效果	突显学生的主体地位,充分发挥学生的主观能动性	50%	
	提高实践能力和创造能力		
	兴趣浓厚,具有十足的学习动力		

续表

项目	评价内容	权重	得分
实施效果	学生的个性特长得到发展	50%	
	有利于其他课程的开发		
等级			
备注：总评以等级制呈现，总分90～100分为优秀，80～89分为良好，70～79分为一般，70分以下为差			

三、创设"悦动社团"，激发学科学习兴趣

社团是课程建设的重要资源，也是实施素质教育的重要内容。根据我校的实际情况，"悦动社团"将课堂教学和课外体育活动相结合，以选修课程的形式开展，为具有不同特长的学生搭建展示平台，强化团队意识，凝聚团队精神，提升团队合作能力，增强领导力。"悦动社团"丰富了校园生活，有效地激发了学生的学习兴趣，让学生在繁重的学习压力中得到舒缓。同时，"悦动社团"可以教授体育锻炼的技能，培养学生终身锻炼的习惯。

（一）"悦动社团"实践与操作

"悦动社团"主要通过社团课教育教学和俱乐部课教育教学等方式，全面提升学生的综合素质和实践能力，涵盖了田径、武术、篮球、足球、网球、羽毛球、啦啦操、体育舞蹈等8个社团。

1. 田径社团

田径社团一直致力于将培养合格的社会人作为终极育人目标，以田径训练及其团队建设为载体，努力探索并总结出一套适合高新第一小学良性发展的路径。我们通过日常观察和实际考核训练，组建了由低年级到高年级的梯队，并依据每位队员的特性和省区市体育传统项目学校的实际情况，因材施教，制定出科学的训练计划和评判标准。在追求"更高、更强、更远"的体育精神的同时，我们始终遵循"以人为本，健育身心"的教学理念，致力于培养出优秀的社会主义接班人。

2. 武术社团

武术社团通过校本特色课程，渗透武术相关知识与技能，旨在为更多喜

爱武术的孩子提供习武机会,弘扬中华优秀传统文化。我们通过班级、年级选拔的形式,招募武术爱好者组建武术社团,进一步在各年级社团中进行培养考核,组建武术校队,并通过运动会、体育节及省区市比赛等为孩子提供展示舞台,从而塑造武术品牌,传播武术文化。我们始终本着"以人为本,健育身心"的发展理念,培养儿童崇德尚武、尊师重道、孝悌正义的优良品德和吃苦耐劳的意志品质,最终培养身心健全的社会主义接班人。

3. 篮球社团

篮球社团通过选拔和招募热爱篮球运动的儿童,组建篮球社团,开展全年级特色课程、班级联赛、社团竞训等深受儿童喜爱的系列活动,旨在发展儿童的运动能力、技战术能力、心理承受能力、社会适应与沟通能力。同时,我们还通过校级、市级、省级的活动和赛事,为儿童搭建起锻炼和成长的平台,让儿童在快乐的篮球活动中发展核心素养,助力他们成长为合格的社会人。

4. 足球社团

足球社团以足球为载体,致力于促进学生的全面发展。校园足球主要激发学生对足球的兴趣,提高个人技术中的运、控、传、射能力,同时注重提升他们的小组攻守配合能力。作为全国足球特色学校,通过开发和普及足球校本课程,我们成功营造出浓郁的校园足球氛围。我们坚持"以球育人"的理念,旨在培养学生团结、拼搏、进取的体育精神。通过不断发展"爱足球、看足球、学足球、踢足球、懂足球"的文化,我校"足球社团"已经成了一张亮眼的"体育名片"。

5. 网球社团

网球社团本着"强身健体、快乐网球"的宗旨,旨在为更多喜爱网球的学生提供更广阔的平台,让他们体验网球的真正魅力,热爱体育运动,从而丰富小学体育生活,使他们的生活更加多彩多姿。网球社团通过在各年级选拔和特长生招募,以社团的形式,有规模、有计划、有组织地进行训练,并组织学生参加省区市各大比赛,努力让网球在我校落地生根,从而使我校体育学科项目多元化,为学校体育文化添砖加瓦,致力于构建多元化的校园体育活动。

6. 羽毛球社团

羽毛球社团以"运动凝聚你我他"为口号,以丰富校园文化、充实校园活动为目的,招募热爱羽毛球运动的学生,为他们提供一个切磋技艺、交流心得的平台。羽毛球社团以年级为单位进行队员招募，活动形式以学习、练习和比赛为主，通过社团活动来提高学生的运动技能，培养学生良好的意志品质。通过不断训练，学生能在省区市各类赛场上感受羽毛球运动的魅力，树立终身体育的理念。同时，羽毛球社团还以点带面，发挥榜样力量，激发更多学生参与体育锻炼的热情。

7. 啦啦操社团

啦啦操社团始终坚持"健康、自由、快乐"的人文精神和"拼搏、进取、创新"的体育精神，以"悦动体育，舞动青春"为宗旨，通过班级、年级选拔赛招募啦啦操爱好者。社团以运动会、体育节等开幕式表演和省区市比赛等为平台，为学生们提供学习交流、展示自我的机会。这不仅丰富了学生们的课余生活，充分培养了团结协作、积极奋进的体育精神，还彰显了我校的育人特色。

8. 体育舞蹈社团

体育舞蹈社团是体育与艺术的完美融合，以增强身体素质、培养艺术天赋、丰富课余生活为宗旨，始终坚持以学生为主体，让教学中的真善美最大限度地融入学生的内在，从而挖掘学生的潜能。体育舞蹈社团通过班级、年级选拔赛来招募体育舞蹈爱好者，以运动会、体育节等开幕式表演和省区市比赛等为平台，为学生们搭建一个学习交流和展示自我的平台，促进学生体育素养的整体提高。

（二）"悦动社团"评价标准

"悦动社团"在评价过程中借鉴了陈琦教授研究的"体育素养评价指标体系"，结合课程实际，坚持个人自评、社团评价和教师评价相结合的原则，同时也注重个体成长与社团发展的有机结合（见表6-4-3）。

表6-4-3　西安高新第一小学"悦动社团"评价标准

评价项目	评价内容	权重	得分
社团建设	有比较完整的社团形象设计（包括社团名称标识和理念等）	10%	
	社团活动记录完整（教学过程、反思、总结）	15%	
	严格的规章制度，较强的规则意识	10%	

评价项目	评价内容	权重	得分
操作实践	合理的活动计划,具有可操作性	10%	
	教师充分履行指导职责,进行有效指导	10%	
	社团具有良好的社团风气和较强的凝聚力	10%	
	发展专长运动项目,设定明确的目标,培养健康意识	10%	
	养成锻炼习惯,激发个性化运动兴趣		
社团评价	科学的学习绩效评价办法	15%	
	完整的教学成果展示	10%	
等级			
备注:总评以等级制呈现,总分 90～100 分为优秀,80～89 分为良好,70～79 分为一般,70 分以下为差			

四、设置"悦动体育节",浓郁体育与健康学科课程氛围

"悦动体育节"是一项面向全体学生的特色鲜明、可持续发展的系列化体育活动,既是展示体育才华的舞台,又是体育学科的盛会。通过开展丰富多彩的体育活动,"悦动体育节"旨在激发兴趣,吸引尽可能多的儿童参与运动,促进他们的身心健康和谐发展,从而凸显"悦动体育"课程"在运动中健育身心"的理念。

(一)"悦动体育节"实践与操作

"悦动体育节"在实施的过程中秉承"贵在参与、勇于展示"的原则,搭建体育运动的舞台,其丰富的内容与多样的形式充分体现了体育运动的全员性、趣味性和技能性等特点,努力让每个儿童都绽放精彩。我校根据儿童的年龄特点及学校特色体育项目的开发,分年级设定不同体育活动,通过开展"悦动体育节"来营造浓厚的校园文化氛围。

"广播操、武术操"展演在 1～2 年级分别开展,确保全员参与"广播操、武术操",并以展演的形式进行竞赛,旨在增强儿童的体质,培养儿童的集体主义荣誉感。

"六人制足球比赛"在 3～4 年级开展,采用"5+1"赛制,即 5 名男生加 1

名女生。比赛规则参照足球"五人制"比赛规则执行。"六人制足球比赛"旨在提高儿童的体质，增强各班之间的友谊和文化交流，培养他们拼搏进取、团结协作的体育精神。"六人制足球比赛"还通过校园足球活动，培养全面发展、特长突出的青少年足球后备人才。

"篮球比赛"在5～6年级举办，以班级为单位参赛，以赛促练，旨在发展儿童的运动能力、技战术水平、心理承受能力及社会适应与沟通能力，为儿童创造一个锻炼、成长的平台，使儿童在快乐的篮球活动中提升核心素养。

（二）"悦动体育节"评价标准

系统化、规范化和科学化的评价是确保节日课程活动顺利开展的重要手段。我们从节日课程的主题、目标、过程、氛围、效果、特色6个方面对"悦动体育节"进行评价（见表6-4-4）。

表6-4-4　西安高新第一小学"悦动体育节"评价标准

项目	评价要点	权重	得分
活动主题	主题明确，突显学校体育特色；根据学生水平进行划分，符合各阶段的身心发展规律		
活动目标	目标具有全面性和针对性，包括认知、技能、情感态度等方面	20%	
	目标明确，具体目标与各阶段的心理特征、认知和运动水平相适应，关注学生间的差异		
活动过程	参与活动的态度积极主动，能充分发挥自身的主体性	20%	
	活动过程循序渐进，形式多样，时间安排充裕		
	在活动过程中，学生之间及时分享与交流，激发参与热情		
	教师指导具有针对性，练习内容全面		
活动氛围	活动气氛活跃，组织有序	10%	
	师生、生生之间积极交流，共享心得		
活动效果	基本目标达成，知识、技能、思想、心理素质等得到发展	30%	
	活动中能够合理且有效地解决出现的问题		
	能够积极主动参与活动，每个人都能得到不同的发展		
	师生在活动中情绪饱满、热情，在活动中体验成功的喜悦		

项目	评价要点	权重	得分
活动特色	模式新颖且有创意,在培养创新精神和实践能力方面有突出体现	20%	
	具有地域性、民族性、民间性特征		
等级			
备注:总评以等级制呈现,总分 90~100 分为优秀,80~89 分为良好,70~79 分为一般,70 分以下为差			

五、推行"悦动赛事",实现校园体育文化的发展

"悦动赛事"以体育赛事活动为依托,秉持"我参与,我快乐"的理念,旨在培养儿童不断创新、奋发进取的精神,充分展示快乐、健康、和谐、团结、向上的优秀品质,增强儿童的集体荣誉感,推动我校体育运动广泛开展。

(一)"悦动赛事"实践操作

"悦动赛事"具有全员参与、特色突出的特点,主要包括"奔跑吧!一小越野赛"、春季田径运动会、体质测试运动会和三跳运动会等赛事。

1. "奔跑吧!一小越野赛"

"奔跑吧!一小越野赛"旨在引导学生在跑中享受乐趣、增强体质、健全人格、锤炼意志,包括场地越野赛、两公里集体接力赛。"奔跑吧!一小越野赛"不仅让学生们感受到冬季阳光体育运动的独特魅力,还在挑战自我中激发了对体育锻炼的热爱。通过比赛,学生们不仅增强了集体荣誉感,还展现了出色的体育竞技水平和顽强拼搏的精神。

2. 春季田径运动会

春季田径运动会的比赛项目丰富多样,设置了田赛和径赛单元,采用竞赛形式,以年级为单位,在全校范围内开展。春季田径运动会旨在激发学生对体育活动的兴趣,养成坚持锻炼的习惯,并树立终身体育意识。

3. 体质测试运动会

体质测试运动会以运动会的形式开展,旨在全面测试儿童的身体素质。我校的体质测试活动实现了全员参与。测试项目包括肺活量、身高体重、坐位体前屈、视力、仰卧起坐、跳绳和折返跑等。我们对测试结果进行汇总分析,为

后期体育学科工作的开展提供科学依据。

4. 三跳运动会

三跳运动会是我校的传统体育项目，其中"三跳"是指跳绳、踢毽子和跳皮筋。这些运动既能提高身体素质，又能有效锻炼协调反应能力，从而达到强身健体的目的。我校三跳运动会针对1～6年级的学生设置了个人项目，如"毽子单踢""竞速跳""前挽花""后挽花""双摇"等基础跳法，还开发各种花样跳法，如"一带一钻""双人同摇跳""毽子里外拐"；集体项目包含"3分钟长绳竞速""1-5-1-0竞速""十字交叉中带小绳10个满竞速""双绳内轮（外轮）5-1出竞速"等。

（二）"悦动赛事"评价标准

"悦动赛事"丰富了校园体育文化内涵，其评价主要从赛事目标、赛事内容、赛事条件、组织管理和赛事效果等方面进行（见表6-4-5）。

表6-4-5 西安高新第一小学"悦动赛事"课程评价标准

项目	评价要点	权重	得分
赛事目标	丰富校园活动，激发参加体育运动的热情，增强体质，活跃身心	20%	
	培养团队意识、竞赛意识和合作交流能力，全面实施素质教育		
赛事内容	内容丰富多彩，形式多样化，符合身心特点，体现校园体育特色	20%	
赛事条件	赛事经费充足	15%	
	比赛场地设施完善		
	人力资源分配合理		
	后勤保障充分		
组织管理	赛前组织阶段：赛事方案明确、规程细致、场地布置合理	20%	
	秩序册编写与发放、宣传		
	赛事举办阶段：裁判人员安排、开幕式筹备、运动员检录、成绩统计和公布		
	赛事收尾阶段：对赛事进行总结、表彰		
	组织有序、层次清晰、重点突出、时间安排合理		

项目	评价要点	权重	得分
赛事效果	竞赛水平:制裁能力强、参与人数多、运动员竞赛成绩突出	25%	
	达成学校体育的目标,促进学校传统项目的发展,完善基础设施		
	发扬团队精神,提高师生身体素质,提高体育健身意识		
	比赛项目的相关知识得到普及		
	促进体育与健康课程的开发		
	渲染校园体育文化氛围,丰富校园体育物质文化内容,发扬校园体育文化精神		
等级			
备注:总评以等级制呈现,总分 90~100 分为优秀,80~89 分为良好,70~79 分为一般,70 分以下为差			

综上所述,我们以"在运动中健育身心"的课程理念为核心,通过"悦动课堂""悦动课程""悦动体育节""悦动社团""悦动赛事",构建了"悦动体育"的全方位实施路径,旨在培养儿童的体育核心素养,为他们的全面发展和终身成长奠定坚实的基础。

第七章
幸福心育：让生命积极成长

　　幸福滋养儿童心理成长，强调每个儿童都是独特的生命体，是儿童茁壮成长的必需品。"幸福心育"立足于真实生活，以唤醒生命发展潜能为核心，在认识自我、学会学习、人际交往、情绪调适、学会生活的课程中勾勒幸福路径，构筑积极的生命课堂，使儿童体验健康、发展、多元的心理教育，品味心理学习的愉悦，丰盈生活经验，充实生命体验，让生命积极成长。

　　西安高新第一小学的心理学科在学校"一品文化"的引领下，以《中小学心理健康教育指导纲要》和教育部《关于加强中小学心理健康教育的若干意见》为指导，基于儿童生理、心理发展特点，将心育学习融入儿童生活实际，把握儿童心理发展任务，培养儿童树立心理健康理念，提升其关键心理能力，促进积极心理品质的发展，并塑造科学思维品质。依据学校"5E"课程规划，我们不断深化课堂改革，认真学习并梳理各年级课程目标，促进学科内涵式发展，成功构建了"幸福心育"课程体系。

第一节　唤醒生命发展潜能

　　心理学科兼具学科课程的计划性、系统性，以及活动课程的开放性、互动性,强调以活动的形式来组织和实施教学内容,而非单纯传授心理知识,是一门活动课程,其核心目标是为儿童的终身幸福奠定基础。

一、学科价值观

《中小学心理健康教育指导纲要》明确指出:"中小学心理健康教育,是提高中小学生心理素质、促进其身心健康和谐发展的教育……是学生身心健康成长的需要,是全面推进素质教育的必然要求。"

基于这种认识,小学心理健康教育应以培养儿童良好的心理素质为目标,以小学各阶段相应的心理学科核心知识为载体,增强儿童心理能量,引导儿童形成积极的心态,并为后续心理健康发展提供持续帮助的动态系统。关键是引导儿童心理和人格的健康发展,注重培养儿童的心理理念、心理能力、心理品质和思维品质等方面的心理素养,唤醒儿童的发展潜能,让生命积极成长。

二、学科课程理念

著名教育家乌申斯基提出:"使学生获得幸福是教育的主要目的。"因此,将"幸福"融入教育,既是一种教育理想,又是一种教育实践。正如诺丁斯所言:"幸福与教育具有内在的一致性,幸福应当成为教育的目的,而好的教育增进个人与公共幸福。"教育本身应是享受幸福的过程,同时也为人们追求幸福打下基础。

传统的心育以"问题"为导向,而近代新兴的心理学思潮——积极心理学,提出幸福可以分析,可以学习。积极心理学提倡心育应当促进人类良好的发展,尤其重要的是为儿童提供幸福的条件和机会,培养儿童创造幸福、享受幸福的能力,提升儿童的幸福境界,从而培养出全面发展的儿童。

因此,我校认为"幸福"是心理学科课程的核心价值,打造"幸福心育"学科课程群,以"让生命积极成长"为课程开发理念,旨在唤醒儿童的发展潜能,提升其生命价值,彰显了一种健康、发展、多元的精神气质。

"幸福心育"是提升身心健康的心育。健康源于身、心、灵的和谐统一与高效运作。通过正确、科学的课程教育,"幸福心育"使受教育群体更趋健康性、向上性、向善性,从而促进儿童全面发展。

"幸福心育"是探索持续发展的心育。我们相信,儿童们都有成才的权利,都有成才的可能，而教育就是要培养能够持续发展的人。因此在课程的滋养下，我们致力于挖掘儿童自身的潜能，让他们体验成长的快乐，从而实现儿童的持续性发展。

"幸福心育"是培育多元能力的心育，尊重儿童的差异，满足儿童的成长需求。我们尊重儿童的差异，满足他们成长过程中的多样化需求。"幸福心育"通过课程来唤起儿童内心的幸福体验，恢复生命的完整性和幸福感，从而更好地满足儿童在整体发展、主体发展和差异发展上的需求。

总之，"幸福心育"将心理学习与儿童生活有机结合起来，以挖掘潜能为中心，以活动为主线，向儿童生活的各个领域延展，使儿童能接受健康、发展、多元的心理教育。

第二节　定位儿童适切的发展

《中小学心理健康教育指导纲要》指出，小学心理健康教育的总目标是"提高全体学生的心理素质，培养他们积极乐观、健康向上的心理品质，充分开发他们的心理潜能，促进学生身心和谐可持续发展，为他们健康成长和幸福生活奠定基础"。

一、学科课程总体目标

"幸福心育"课程定位儿童适切的发展，强调为儿童创设放松心情的缓冲地带，让儿童重新审视自己、了解自己、悦纳自我。通过"幸福心育"课程，儿童学会与幸福的心境共舞，用积极的心态做事，用健康的心态对人，最终成为有幸福心态的人，并一生获益。基于此，我校着重围绕儿童的心理理念、心理能力、心理品质和思维品质等方面的心理素质养成，制定了我校心理学科总体目标。

（一）核心知识

心理健康知识对培养良好的心理健康观念、实现自我健康保护、贯彻"预防为主"的健康理念都有十分重要的意义。心理学科的核心知识包括认识自我、学会学习、人际交往、情绪调适、学会生活等方面的基础知识。

（二）关键能力

心理学科的关键能力体现在认知和适应两个层面所达到的水平。申喆在《中小学心理核心素养的内涵与构成》一文中提出："在认知层面，包括感觉能力、知觉能力、注意能力、记忆能力、思维能力等,适应能力包括适应自我、他人、环境的能力。"《中小学心理健康教育指导纲要》明确指出,挖掘心理潜能是心理健康教育的基本原则之一。因此,在心理核心素养的培育中,儿童潜藏的心理能力,即心理潜能的培育,不容忽视。

（三）学科品质

《中小学心理健康教育指导纲要》提出："要立足教育和发展,培养学生积极心理品质。"积极心理学提倡关心人的优秀品质和美好心灵,把美德分为智慧与知识、勇气、仁慈、正义、自制和超越自我等6种,并据此提出24项积极心理品质。在小学阶段,我们重点培养学生的12项积极心理品质。这一理念与《中小学心理健康教育指导纲要》的精神也是相契合的,都通过引导学生体验幸福、满足和希望等积极情绪,帮助他们发现自己的优势,挖掘自身潜能,从而塑造和强化这些积极的心理品质。

（四）思维品质

思维品质是指学生在心理学科的学习过程中运用的科学的思维品质,是本学科独有的思维品质,包括共情思维、迁移思维、积极思维和问题意识。

通过这4个目标,我们定位儿童适切的发展,秉承"幸福心育"学科课程观,发展儿童的学科核心素养,培养具有心理理念、心理能力、积极品质和思维品质的健康、全面、多元发展的儿童。

二、学科课程年级目标

根据《中小学心理健康教育指导纲要》的要求，结合我校学情,我们对每个单元的目标进行系统梳理,将上述总体目标转化为年级目标。这里,我们以三年级目标为例,展示一个年级的目标（见表7-2-1）。

表 7-2-1 西安高新第一小学"幸福心育"课程三年级目标

学期	单元	课程目标
上学期	第一单元	1. 共同要求。 (1)了解自己的变化,合理看待他人对自己的评价,客观认识自己,悦纳自己。 (2)了解自信的重要性,掌握培养自信的方法。 2. 校本要求。 通过"3 个我"的对比,初步了解真实的自我
	第二单元	1. 共同要求。 (1)懂得尊重别人,真诚对待友谊,养成合群的性格特征,做一个受欢迎的人。 (2)感受欣赏的力量,学会欣赏他人。 (3)在体味亲情中感受幸福,激发感恩父母的情感并付诸行动,学会做父母的小帮手、家庭的小主人。 (4)正确认识偶像崇拜的利与弊,扬长避短,学会健康追"星"。 (5)初步了解个人和集体的关系,主动参与集体活动,用自己的实际行动维护班级荣誉。 2. 校本要求。 (1)通过组建团队,增强团队凝聚力,提升个人对团队的责任意识和归属感,提高小组合作效率。 (2)学习咨询工作的基本要求和理念,以及"小小心理咨询师"应具备的专业态度和基本技巧,初步培养"小小心理咨询师"的朋辈辅导能力
	第三单元	1. 共同要求。 了解情绪的类别,觉察自我情绪,明确快乐情绪的意义和表现,初步学习保持快乐情绪的方法。 2. 校本要求。 辨别不同种类的情绪类型,准确觉察自我情绪
	第四单元	1. 共同要求。 (1)正确对待时间,懂得根据紧急和重要程度合理安排学习和休闲时间。 (2)了解挫折产生的原因,理解态度对结果的影响,正确面对挫折,学习战胜挫折的方法。 2. 校本要求。 不同的态度会对结果产生不同的影响,了解生活和学习中积极态度的重要作用
下学期	第一单元	1. 共同要求。 (1)正确认识学习的快乐与烦恼,体会学习的趣味,激发乐学、爱学的情感。 (2)初步了解大脑记忆及遗忘规律,理解相应的记忆策略,激发提升记忆力的积极性。

续表

学期	单元	课程目标
下学期	第一单元	2. 校本要求。 深化对记忆策略的理解与应用,提高学习效果
	第二单元	1. 共同要求。 (1)认识承担责任是赢得他人信任和尊敬的基础,学习承担自己的责任。 (2)认识肢体语言在沟通中的重要性,学习恰当表达。 (3)认识受欢迎和不受欢迎的原因,学习人际交往的方法,逐步锻炼人际交往能力。 (4)正确认识兴趣班,客观分析亲子矛盾冲突的原因,初步学习正确地表达意见。 2. 校本要求。 通过注意力训练和倾听训练,以听促说,培养表达和反馈能力,推动朋辈心理辅导工作
	第三单元	1. 共同要求。 体察快乐情绪,学习寻找快乐情绪的策略,学习更好地调节自己的不良情绪。 2. 校本要求。 在活动中感受情绪对自我的影响,理解积极情绪和消极情绪的意义
	第四单元	1. 共同要求。 (1)了解自己一学期的学习收获。 (2)在反思、总结中感受成长的快乐,设定下一步的学习目标。 (3)感受学习带来的成就感,树立学习的自信心,激发学习兴趣。 2. 校本要求。 通过综合评价,在自评与他评的对比中了解自身的心理健康水平,结合日常表现与期末实践操作,全面评估本学年的心理健康状况和学习情况

第三节　勾勒幸福课程的路径

我们将儿童放在心理课程开发的中央,根据学科理念和课程目标,尊重儿童的个性差异,满足儿童多样化的学习需求,开发丰富的课程,构建"幸福心育"课程群,为儿童心理素养的发展提供全面、丰富的课程滋养。

一、学科课程结构

学校遵循《中小学心理健康教育指导纲要》，结合心理教育教学和我校儿童的特点，设置"幸福心育"课程，围绕幸福自我、幸福学能、幸福交往、幸福情绪、幸福生活 5 个维度稳步推进并完善课程构建，如图 7-3-1 所示。

图 7-3-1　西安高新第一小学"幸福心育"课程结构

（一）"幸福自我"课程

"幸福自我"课程内容专注于认识自我领域，作为小学心理健康教育的基础课程之一，包括以《心理健康》教材为基础的基础型课程，以及与之相关联的拓展型课程。这些课程的目的是激发儿童对自我探索的兴趣，帮助儿童建立清晰的自我意识，培养开朗、合群、自立的健康人格，从而促使儿童在各类活动中更好地悦纳自我。

（二）"幸福学能"课程

"幸福学能"课程内容聚焦于学会学习领域，包括以《心理健康》教材为基础的基础型课程，以及与之相关的拓展型课程。这些课程旨在激发儿童的学习兴趣和探究精神，提升他们的学习能力，并培养乐于学习的心态，使儿童能够体验到学习所带来的乐趣。

（三）"幸福交往"课程

"幸福交往"课程内容涵盖人际交往领域，包括以《心理健康》教材为基础的基础型课程，以及与之相关的拓展型课程，如"小小心理咨询师"课程。这些课程旨在培养儿童的集体意识，提升他们自主参与各类活动的能力，引导儿童进行恰当的人际交往，并发展他们的人际交往能力，从而更加有助于儿童与同学、老师、家长之间的和谐交往。

（四）"幸福情绪"课程

"幸福情绪"课程内容专注于情绪情感领域，包括以《心理健康》教材为基础的基础型课程，以及与之相关的拓展型课程。这些课程旨在帮助儿童体验解决困难的乐趣，培养他们面对各种情绪的能力，从而帮助儿童恰当地表达自己的情绪情感。

（五）"幸福生活"课程

"幸福生活"课程内容聚焦生活适应领域，包括以《心理健康》教材为基础的基础型课程，以及与之相关的拓展型课程。这些课程旨在帮助儿童建立正确的角色意识，提升他们对不同社会角色的适应能力，并发展他们分析问题与解决问题的能力，从而为未来的学习生活奠定基础。

二、学科课程设置

"幸福心育"以《中小学心理健康教育指导纲要》为依据，包含以北京教育出版社《心理健康》教材为载体的基础型课程和拓展型课程见表7-3-1，从幸福自我、幸福学能、幸福交往、幸福情绪、幸福生活5个维度，按年级分阶段落实课程。从纵向上看，课程内容由浅入深，呈现螺旋式上升的趋势；从横向上看，课程涵盖了各年级的5个维度，体现了各维度之间的紧密联系和相互促进。

表 7-3-1 西安高新第一小学"幸福心育"拓展课程

年级	学期	课程				
		幸福自我	幸福学能	幸福交往	幸福情绪	幸福生活
三年级	上学期	初识自我	时间守护神	好朋友好伙伴	情绪气象图	自我管理
	下学期	我的责任	学习的快乐	沟通你我	烦恼应对	闲暇时光
四年级	上学期	各有所长	兴趣与思维	交往之美	从容应考	相亲相爱一家人
	下学期	不一样的我	奇思妙想	珍惜友情	笑对生活	巧用金钱
五年级	上学期	自信力量	动力之源	师生交往	愤怒的小鸟	三色健康
	下学期	我的气质	学能的奥秘	竞争与合作	一诺千金	我与集体
六年级	上学期	悦纳自我	学习有方法	沟通之秘	情绪的主人	我的未来我做主
	下学期	尊重自我	人生大视野	冲突消融屋	玩转压力	告别母校

第四节 展现积极成长姿态

心育课程对促进儿童心理健康发展至关重要。我校始终关注儿童的幸福、自主和尊严，基于儿童的学习需求和现状，从"幸福课堂""幸福课程""幸福社团""幸福节日"和"幸福工程"5 个方面稳步推进"幸福心育"，旨在营造轻松、愉快、幸福的学习氛围，展现儿童积极成长的心育姿态。同时，我们还通过多维度、多角度的综合评价，支持学科课程的深入发展，实现课程的内在价值和意义。

一、建构"幸福课堂"，有效实施心理课程

"幸福课堂"是我们遵循学校"5E"课程体系，在长期的课堂教学实践中，生成的一种心理学科课堂教学形态。

（一）"幸福课堂"实践与操作

"幸福课堂"指的是教师运用自己的情智,多角度设计现有的心理课程,旨在充分调动儿童的积极性,实现儿童情智的交融与协调发展。"幸福课堂"的主要任务是提炼"幸福心育"的核心理念,凝练课程要素,探索四大心理学科素养在课堂教学中的实践应用,并引导教师由学科教学转向学科教育。

"幸福课堂"的核心在于活动和体验,通过多样化的活动形式,如团体辅导、心理训练、情境设计、问题辨析、角色扮演、游戏辅导和心理情景剧等,为儿童创造生动有趣的教学情境,引导他们进行有效的体验学习,从而推动"幸福课堂"的构建与实施。

"幸福课堂"致力于体现尊重、温暖、快乐、成长的课堂文化,秉承"让生命积极成长"的课程理念,将趣味性、主体性、幸福度、发展性和健康性融为一体,为儿童创造真实而有意义的学习情境。

（二）"幸福课堂"评价标准

依据"幸福课堂"的特点,我们设计了"幸福课堂"评价表,旨在帮助儿童增进自我认识,肯定学习成果,激发学习兴趣,促进心理发展（见表 7-4-1）。

表 7-4-1　西安高新第一小学"幸福课堂"评价标准

评定内容	评定项目	评定分数	得分
趣味性	1. 教学方式多样,提高课堂效率。 2. 多种评价方式,促进儿童成长。 3. 教学结构合理,活动循序渐进	20	
主体性	1. 将课堂自主权还给儿童,尊重儿童的主体地位。 2. 倡导个性化、多样化学习,建构和谐共生的多种学习方式。 3. 聚焦儿童问题,关注儿童的学习感受	20	
幸福度	1. 儿童情绪饱满,积极投入。 2. 真诚表达,支持、尊重同伴。 3. 积极倾听,乐于表达,善于创新	20	
发展性	1. 创造性地使用教材,注重学科资源的整合与开放。 2. 多媒体技术运用得有效、恰当。 3. 综合能力得到全面发展	20	

续表

评定内容	评定项目	评定分数	得分
健康性	1. 注重情境创设,关注课堂生成。 2. 善于激励与调控,调动学习积极性。 3. 给予儿童足够的自主学习和互动交流时间,确保体验充分	20	
亮点			
感受			
总评			

二、建设"幸福课程",丰富心理学科课程内涵

我校的"幸福课程"采用"1+X"课程群模式进行建设,其中"1"是基础型课程,旨在培养儿童终身发展和适应未来社会所需的基础能力,采取班级必修课的形式;"X"是依托学科特点与儿童的不同潜能所开发的拓展型课程,实行社团选修课模式。"1+X"课程群的实施,极大地丰富了"幸福心育"课程群的内容。

(一)"幸福课程"实践与操作

"幸福课程"以儿童的发展需求为出发点,注重其内在逻辑,相互呼应,环环相扣。

"幸福课程"立足目标,整合基础课程。由于小学心理健康教材大多以单篇形式呈现,缺乏结构性,因此"幸福课程"采用整合的方式对课程资源进行选择、重组和创新,改变"教材"的呈现模式,通过统一的目标和主题,因地制宜,开展主题式学习。

"幸福课程"注重自主选择,发展选修课程。这些自主选修的课程充分体现了儿童学习的主体性,以兴趣为导向,将选择权交给儿童。"幸福课程"通过多样的课程类别和优质的课程品质来吸引儿童,满足每一位儿童的发展需求。每周的社团课为选修课提供了充足的时间和空间上的保证。

"幸福课程"通过活动来推动节日课程的实施。由于节日课程具有形式多样、参与广泛等特点,我们采取"融合"与"嵌入"的实施模式,以体验活动作为课程的主要形式,实现了玩、学、思、悟的有机结合。

（二）"幸福课程"评价标准

结合"幸福课程"的实践操作,可以看出,优秀的课程要具备目标合理、设计科学、实施高效、效果突出等特点,学校为此设置了"幸福课程"评价表,对课程进行科学评价(见表7-4-2)。

表7-4-2　西安高新第一小学"幸福课程"评价标准

评定内容	评定项目	评定方式	得分
目标 （25分）	能满足儿童兴趣发展的需求,开发有意义的课程内容,确保目标合理,内容有科学性、迁移性等	看活动方案、学期小结等	
设计 （25分）	能制定出适合儿童特点和有利于儿童发展的课程纲要,并根据课程纲要制定出课程实施计划	看课程纲要和实施计划	
实施 （25分）	能根据教学计划,因材施教,认真指导。 课程实施能满足儿童的兴趣发展需求,注重培养儿童的实践能力和创新能力,并深受儿童喜爱	看记录、问卷调查、随机访谈	
效果 （25分）	认真做好儿童的发展评价工作。 能够根据课程纲要的设计、课程实施和课程评价中的各个环节进行反思,并积极完善课程	看评价方案、儿童成果展示,查看反思	
总分			

三、打造"幸福社团",激发儿童心理学习的兴趣

社团是课程建设的重要资源,也是实施素质教育的重要内容。"幸福社团"在儿童感兴趣的生活情境中组建,为儿童提供展示自我、提升自我的平台,形成学校的品牌项目。

（一）"幸福社团"实践与操作

我们为儿童提供了丰富的选修类课程,并充分尊重儿童的选择权。

1. 小小心理咨询师

小小心理咨询师采取选修课程的形式,将小学心理朋辈辅导和心理学科课程的内容进行有机融合,通过将咨询理念、幸福故事和专业知识相结合,以美启真、以美储善、以美怡情、以美育德。小小心理咨询师鼓励儿童通过尊重

的态度、启发的问答、辩证的视角,陪伴同伴发掘内心的渴望与力量,初步形成心理辅导能力,显著提升儿童的价值感。针对3~6年级儿童的不同年龄和知识特点,我们整体规划了课程,并设定了有针对性的主题。

2. 幸福心能团

幸福心能团作为选修课程,以问题为导向,招募有需求的儿童。通过心理情景剧、多米诺骨牌、心理游戏等团体辅导形式,儿童们深入思考自我认识和人际关系,学会关心、倾听和体察他人。在课程中,儿童们将与其他成员沟通交流、深入探讨,以促进自我接纳,提高人际沟通技巧。最终,幸福心能团帮助儿童改善心理与行为,使他们能够更好地融入集体生活。

(二)"幸福社团"评价标准

为了做好"幸福社团"课程,确保教学质量和儿童安全有序参与活动,我们制定了社团星级评定方案,从制度与计划、资料与整理、活动与考勤、效果与反馈4个方面对"幸福社团"进行评价(见表7-4-3)。

表7-4-3 西安高新第一小学"幸福社团"评价标准

评定内容	评定项目	评定分数	得分
制度与计划 (20分)	社团有明确的章程、计划,课程设置完善	20	
	社团章程较明确,有各种规章制度,有计划,但不够完善	10	
	社团无章程,无活动计划	0	
资料与整理 (20分)	学期初及时上交本学期社团计划,学期末及时上交社团活动记录表,有活动反思且内容完整	20	
	上交资料但不及时或记录不完整	10	
	不上交资料或者无记录	0	
活动与考勤 (20分)	教师能够按要求开展活动,对儿童进行有效指导;活动丰富多彩、规范细致,可操作性强;儿童流失率低于20%	20	
	能够开展活动;儿童流失率在21%~49%	10	
活动与考勤 (20分)	未向学校申请而随意停课,儿童流失率达50%以上	0	

评定内容	评定项目	评定分数	得分
效果与反馈（20分）	能以个性化的方式展示社团活动成果，儿童、家长和班主任对社团活动满意率超过85％	20	
	社团展示情况不佳，儿童、家长及班主任对社团活动满意率在60％～84％	10	
	社团无展示，儿童情况无改善，儿童、家长及班主任对社团活动满意率低于60％或者有一半以上的人表示不满意	0	
总分			
备注	总分达80分为五星社团，60～79分为四星社团，40～59分为三星社团，20～39分为二星社团，20分以下为一星社团；三星以上为合格社团，二星和一星社团需要进行整改		

四、设置"幸福节日"，营造浓郁的心理学习氛围

节日具有丰富的文化内涵，能增添生活仪式感。因此，我们将课程设计成节日的形式，通过节日传递幸福与爱意，展现创意与趣味，引导儿童关注生活，从而扩展了"幸福心育"的外延，并丰富了其内涵。通过实施"幸福节日"课程系统，我们使心理学科文化变得可感可触，更加生动形象。

（一）"幸福节日"实践与操作

节日滋养着儿童的内心，促进了儿童的发展，为亲子共学提供了契机，为师生融洽提供了机会，从而营造了校园的幸福氛围。我们每年创设幸福节、男孩女孩节，以不同的主题激发儿童对"幸福心育"的热情，用别开生面的节日庆祝方式给儿童留下美好的童年记忆。

1. 幸福节

幸福节从独特的节日视角出发，开启幸福之门，传递幸福内涵，并通过体验性活动来引领师生共同踏上幸福之旅。每年的幸福节，我们都会开展一系列各具特色的活动，如"幸福节来了""幸福迎你来""幸福游乐园""幸福大讲堂""幸福心语展""幸福悄悄话""幸福电影院""幸福FM广播""多米诺大赛""幸福提升会"等。我们认为儿童的幸福不仅关乎自身，还与家庭和老师紧密相连。因此，我们还会组织家长、教师参与"幸福亲子课"和"教师幸福专

场活动"，鼓励家庭积极参与，让师生、家长在参与中体验幸福，丰富幸福情感，培养幸福能力。

2. 男孩女孩节

男孩女孩节围绕男孩女孩自我意识的发展，以心理知识为依托，以举止修养为抓手，通过形式多样的挑战活动，如"男神女神缤纷秀""男神女神诗歌""男神女神肖像展""男神女神辩论会""男神女神游艺会"等，增强男孩女孩的性别意识，塑建儿童正确的行为习惯。同时，我们辅以心理调查，使活动多彩又有深度，活泼又有意义。在传递性别观念的同时，我们还创设包容、开放的成长空间，促使全校男孩女孩在自我完善中提升幸福感。

（二）"幸福节日"评价标准

"幸福节日"课程评价标准是保障节日课程效果的必要手段。我们对节日课程活动的评价遵循发展性、适宜性、类别性的原则，采用观摩谈话、案例分析等方法进行，具体评价内容见表7-4-4。

表 7-4-4 西安高新第一小学"幸福节日"评价标准

评定内容	评定项目	评定分数	得分
主题	新颖且指向明确，体现学校校园文化内涵，符合儿童的认知特点和认知规律	20	
内容	有趣味，活动环节典型，贴近儿童生活和社会现实	20	
形式	内容丰富多样，有利于儿童个性特长的展示；儿童喜欢参与；结构完整，环境营造得体，较好地烘托节日主题	20	
过程	反映儿童的认知特点和情感发生规律；儿童热情参与，能发挥主体作用；循序渐进，激发儿童的幸福感	20	
效果	儿童有积极的体验和情感共鸣；教师引领有方，指导有度；全校精神振奋，思想境界得到提升	20	
总分			

五、探索"幸福工程"，形成三位一体的教育合力

为构建三位一体的教育合力，我们积极实施"幸福工程"，坚持学校、家庭、社会教育三者的统一与协调。我们不断探索更有效的实施途径，以实现三者

之间的有机结合,同时帮助家长更新家庭教育理念、优化家庭教育方法,逐步完善他们的教育实践。我们鼓励儿童走出校园,积极参与社会实践活动,以此促进儿童积极心态和健全人格的形成,从而激发他们的幸福能量。

(一)"幸福工程"实践与操作

家长是儿童的第一任教师,学校是教育的主阵地,社会是实践的主场所,三者有机结合的"幸福工程"为儿童的健康成长奠定了坚实的基础。

为了给儿童创设良好的教育环境,我们在已有的家庭教育经验基础上,采用线上和线下相结合的方式,以儿童的需求为导向,针对家庭热点问题设置相应的学习内容,提高课程质量,有效地达到了课程目标。我们携手家委会定期邀请校外专家开展富有针对性的家庭教育专题讲座和亲子沙龙活动,共同研讨家庭教育中的共性问题。在校园网上,我们开辟了"亲子工作坊"专栏,并在 LED 屏上分享"家教心语"和"好书推荐",同时在家校沟通群内分享家教读书心得并进行在线问答,以此引导家长通过多渠道来了解家教知识。此外,心理咨询室为来访家长提供专业的心理咨询服务,解答家长困惑,提升家长的家教水平,以助力儿童幸福地成长。

学校联合周边社区和机构,定期组织儿童走出校园,走进社区、乡村学校、医院、特警大队等实践基地,参与各种社会实践活动,以完善儿童的自我认知,提升儿童的自我管理能力,并增强儿童的社会责任意识。这一举措深化并拓展了学校心育工作的社会功能,丰富了"幸福工程"的外延和内涵。

(二)"幸福工程"评价标准

为扎实推进"幸福工程"活动的开展,学校制定了相应的评价量表,根据儿童和家长的参与积极性,进行综合考评见表 7-4-5。

表 7-4-5　西安高新第一小学"幸福工程"评价标准

评定内容	评定项目	评定分数	得分
活动目标	目标依据充分,定位准确	20	
活动内容	内容处理科学且明确,对儿童和家长的现状分析较为透彻	20	

评定内容	评定项目	评定分数	得分
活动设计	总体设计合理,富有新意,能调动儿童和家长的学习积极性,有助于儿童和家长解决问题	20	
个人素养	教师教态自然,仪表端庄,语言清晰流畅	20	
现场交流	交流内容层次清楚、有理有据	20	
总分			

总之,在"幸福心育"的旗帜下,我们遵循儿童生命发展的规律,创设丰富的生活情境,搭建认知桥梁,为儿童提供幸福的滋养,使儿童在健康、发展、多元的心育中丰富生活经验,充实生命体验,让生命积极成长。

第八章

多彩美术：用美编织绚烂童年

　　多彩是美术的语言。"多彩美术"是打开儿童心灵的钥匙，可以让儿童在多元美术创作中舒展内心，表达情感，感受艺术的多样性、创造性和人文性。通过"多彩造型""多彩设计""多彩欣赏""多彩探索"，我们可以唤醒儿童的审美潜能，丰富他们的审美经验，开阔他们的美术视野。"多彩美术"让儿童在课程中发现生活之美，用创意描绘艺术生活，用美编织绚烂童年。

　　西安高新第一小学的美术学科在学校"一品文化"的引领下，以《中国学生发展核心素养》《教育部关于推进学校艺术教育发展的若干意见》《义务教育艺术课程标准（2022 年版）》为导引，遵循儿童成长规律，深入贯彻美育理念，坚持"以美育人、以文化人"的发展理念，将艺术与教学方法论深度融合，探索美术教育的新途径、新方法、新思路，旨在培养儿童具备健全人格，发展其艺术审美能力，并激发他们创造美好生活的愿望。为此，我们构建了"多彩美术"课程体系。

第一节　多彩是美术的语言

　　美术课程具有丰富的教育价值，在我国基础教育课程体系中发挥着重要的作用,对形成基本美术素养、促进健全人格和全面发展起到了重要作用,奠定了扎实的基础。我校美术课程体系的构建,使儿童能够通过多元的美术课程实践,获得丰富的审美和实践经验,发展美术学科核心素养。

一、学科价值观

《义务教育艺术课程标准(2022年版)》指出:"以习近平新时代中国特色社会主义思想为指导,以落实核心素养为主线,引导学生积极参与各类艺术活动,感受美、欣赏美、表现美、创造美、丰富审美体验,学习和领会中华民族艺术精髓,增强中华民族自信心和自豪感;了解世界文化的多样性,开阔艺术视野。"因此,我校美术学科以审美为核心,鼓励个性与创意的表达,尊重美术文化的多样性,重视创新精神的培养,以培养富有审美情趣、具有艺术包容心、能够运用美术解决现实问题的学生为目标,让多彩美术编织绚烂童年。

二、学科课程理念

丰富的颜色是美术的表达途径之一,不同的色彩具有不同的内涵,就像每一个儿童都是独特的。在多样的美术门类中,儿童可以找到属于自己的颜色,释放独特的光芒。因此,我们坚信"多彩"是美术学科的核心价值,以"用美编织绚烂童年"为课程开发理念,构建"多彩美术"学科课程。儿童通过接触多样的美术门类,可以丰富美术经验,发展美术核心素养,形成健康的审美情趣,为终身学习与发展奠定坚实的基础。

"多彩美术"是拓宽美术视野的课程。纵观美术史,美术门类繁多,而"多彩美术"课程正是这一多样性的体现,它涉及多个美术门类,内容丰富。"多彩美术"不仅拓宽了儿童的艺术视野,还激活了儿童的艺术思维,使儿童在体验艺术活动的愉悦中,获得了丰富的艺术欣赏经验和表现能力。

"多彩美术"是提升审美品位的课程。"多彩美术"课程通过引导儿童感知和欣赏优秀艺术品,带领他们走进高雅艺术作品的世界,感受艺术作品之美。在这一过程中,儿童在合作与自主实践中逐渐增强了审美意识,并提高了对艺术与美的事物的感悟能力和判断能力。

"多彩美术"是建立多元文化价值观的课程。美术既是文化的载体,又是人类文化的重要组成部分。美术学习绝不仅仅是一种单纯技能技巧的训练,而应被视为一种文化学习。"多彩美术"课程通过涵盖中西方美术中多个领域的知识,旨在让儿童了解人类文化的丰富性,涵养人文精神,并在学习过程中形成热爱中华优秀传统文化和尊重世界文化多样性的价值观。

"多彩美术"是注重培养创新精神的课程。美术课程是最能培育创新精神与创造能力的学科之一,因为美术活动的本质之一就在于不断创新和超越。"多彩美术"课程尤其重视创新精神的培养,引导儿童学会运用美术的方法,将创意转化为具象的艺术成果。

"多彩美术"是与生活紧密联系的课程。"多彩美术"是一门与生活紧密联系的课程。因此,在美术学科核心素养本位的教学中,"解决问题"(包括解决美术和生活中的问题)是其核心。"多彩美术"课程注重引导儿童在具体情境中进行探究与发现,旨在发展他们的综合实践能力,并鼓励他们创造性地解决问题,从而让儿童充分意识到美术知识与技能在生活中的重要作用和价值。

第二节　多彩美术彰显适性教育

《义务教育艺术课程标准(2022年版)》指出:"通过'欣赏·评述',学生学会解读美术作品,理解美术及其发展概况。通过'造型·表现',学生掌握美术知识、技能和思维方式,围绕题材,提炼主题,采用平面、立体或动态等多种表现形式表达思想和情感。通过'设计·应用',学生结合生活和社会情境,运用设计与工艺的知识、技能和思维方式,开展基于问题的学习、基于项目的学习,进行传承和创造。通过'综合·探索',学生将所掌握的美术知识、技能和思维方式,与自然、社会、科技、人文相结合,进行综合探索与学习迁移,提升核心素养。"

一、学科课程总体目标

依据《义务教育艺术课程标准(2022年版)》精神,结合我校实际情况,"多彩美术"课程按照美术学科四大艺术实践活动,制定了学生发展水平目标,具体如下。

（一）"欣赏·评述"艺术实践活动

我们应该感受自然美，了解美术作品的题材、主题、形式、风格与流派，了解重要的美术家和美术作品，以及美术与生活、历史、文化的关系，初步形成审美判断能力。我们应该掌握美术欣赏的基本方法，了解中外美术名家名作，能够通过口头表达或写作的形式，表达自己对作品的理解和感受；了解 4 种以上中国民间美术的种类、特点及其作品寓意。

（二）"造型·表现"艺术实践活动

我们应该观察、认识并理解线条、形状、色彩、空间、明暗、肌理等基本造型元素，运用对称、均衡、重复、节奏、对比、变化、统一等形式原理进行造型活动，以增强想象力和创新意识。我们不仅能够运用这些造型元素与形式原理来表现自己的所见所闻，还能根据所感所想或特定的主题进行创作。

（三）"设计·应用"艺术实践活动

我们应该了解设计与工艺的知识、意义、特征和价值，以及"物以致用"的设计思想，熟知设计与工艺的基本程序，学会设计创意与工艺制作的基本方法。我们不仅要了解设计制作的过程，还要运用形式原理、选择不同媒材来表达自己的创意，美化生活，并表达对生活的美好感受。

（四）"综合·探索"艺术实践活动

我们应该了解美术各学习领域之间的联系，以及美术学科与其他学科的联系，逐步学会通过以议题为中心来将美术学科与其他学科融会贯通的方法，提高综合解决问题的能力。我们应该认识美术与自然、美术与生活、美术与文化、美术与科技之间的关系，进行探究性和综合性的美术活动，并以各种形式展示学习成果。我们还应该通过参观美术馆、参与社会美术实践等多样的美术活动来开阔视野，提升想象力，激发美术学习兴趣，体验探究的愉悦。

二、学科课程年级目标

我校根据《义务教育艺术课程标准（2022 年版）》、教材和教学用书，对每一领域的目标进行系统梳理，并将上述总体目标转化为年级目标。这里，我们以三年级为例,展示一个年级的目标(见表 8-2-1)。

表 8-2-1　西安高新第一小学"多彩美术"课程三年级目标

学期	单元	课程目标
上学期	第一单元	1. 共同要求。 (1)初步认识线条、形状、色彩与肌理等造型元素,尝试运用并开展趣味性造型活动。 (2)学习使用各种工具,体验不同媒材的效果,如颜料、树叶、面粉等,通过观察制作来展现所见所闻。 (3)在体验生活和感受大自然之美的同时,激发对美术学习的兴趣。 2. 校本要求。 (1)选编一个有趣的故事,按照故事的情境用绘画的方式表现完整的故事情节。 (2)用描绘、印制等方法进行简易版画创作;体验粉彩的创作方法,运用深浅对比的方法进行创作
	第二单元	1. 共同要求。 (1)认识设计工艺的造型、色彩和媒材,将设计与生活相结合。 (2)用手绘草图或立体制作的方法表现设计构想,感受设计与工艺及其他美术活动的区别。 (3)增强创新意识和创造能力,同时传承中华优秀传统文化。 2. 校本要求。 (1)选择身边的媒材,学习运用多种方法(如撕、剪、折、叠等)进行简单的工艺制作。 (2)学习利用衍纸进行折、卷、捏、粘等技巧,进行巧妙设计。 (3)感受纤维材料的特性及纤维作品的艺术风格,尝试简单的制作技法并进行艺术创作
	第三单元	1. 共同要求。 (1)学会运用美术语言或文字等多种形式描述作品,表达自己的感受。 (2)学会从多角度分析物品设计的成功之处。 (3)搜集我国民间美术作品(如剪纸、年画、面具等),并了解其中的特点或寓意,进行沟通与交流。 2. 校本要求。 (1)初步了解不同地域民间美术的不同形式。 (2)能简单从造型、色彩、构图、文化等方面评述美术作品。 (3)关注、认识民间美术,了解并包容多元文化,涵养人文精神
	第四单元	1. 共同要求。 (1)采用造型游戏的方式,结合语文、音乐、道德与法治、科学等学科内容进行美术创作与展示,并发表创作意图。 (2)结合语文、音乐等学科内容进行跨学科美术创作。

续表

学期	单元	课程目标
上学期	第四单元	（3）根据诗歌、童话、故事或创设某一情境进行手工制作，并进行表演。 2. 校本要求。 （1）参观当地美术馆和博物馆，深入了解各个美术馆和博物馆的馆藏艺术珍品。 （2）通过参观各个美术馆和博物馆，对自己感兴趣的艺术领域进行深入探究性学习。 （3）通过参观和自主学习，提高艺术素养，提升审美品位
下学期	第一单元	1. 共同要求。 （1）观察、认识并理解形状、色彩、空间、明暗、肌理等基本造型元素，运用对称、均衡、重复、节奏、对比、变化、统一等形式原理进行造型活动。 （2）通过对各种美术媒材、技巧和制作过程的探索和实验，探究泥条成形的方法。 （3）体验造型活动的乐趣，敢于创新与表现，能将所学用于美化生活。 2. 校本要求。 （1）在创作中感悟陶艺作品的美感，体验泥塑制作的乐趣。 （3）关注周围生活，感受大自然的美，建立美术表现、美术创造与生活的联系
	第二单元	1. 共同要求。 （1）学会创意设计与工艺制作的基本方法，能够关注身边的事物，善于发现问题和解决问题。 （2）感受各种材料的特性，根据设计意图选择媒材，合理使用工具和制作方法，进行初步的设计和制作活动。 2. 校本要求。 （1）学习对比与和谐、对称与均衡等形式原理。 （2）了解我国特有的民间文化艺术，将剪纸与生活相结合，设计并制作具有生活气息的剪纸作品。 （3）激发对民族艺术的热爱，增强探究民族艺术的热情，提升审美意识
	第三单元	1. 共同要求。 （1）了解美术作品的题材、主题、形式、风格与流派，熟知重要的美术家、美术作品，了解美术与生活、历史、文化的关系，初步形成审美判断能力。 （2）多角度认识和欣赏美术作品，逐步提高图像识读能力、文化理解能力和审美判断能力。 （3）能够在文化情境中欣赏美术作品。

学期	单元	课程目标
下学期	第三单元	2. 校本要求。 （1）在美术欣赏过程中感受油画的绘画语言和艺术特点。 （2）在欣赏与交流中表达感受与认识，通过比较、讨论、实践等方法来感受油画的造型特点。 （3）从艺术作品的造型、色彩、笔触、寓意、材料等方面，用自己的语言或文字描述对艺术品的理解
	第四单元	1. 共同要求。 （1）根据各种材料的特点，采用造型游戏的方式进行有主题或无主题的想象，创作美术作品，并发表自己的创作意图。 （2）结合各学科内容进行美术创作，与同学们一起讨论并选定展示美术作品的方案。 （3）结合其他学科内容，设计并制作花瓶、盾牌等生活物品。 2. 校本要求。 （1）熟练掌握纤维材料的特性，利用其质感进行探究性的创作。 （2）利用多种材料进行有创意的设计制作。 （3）利用综合材料进行设计和制作，激发创意思维

第三节　多元是美术的样态

我校"多彩美术"课程面向全体学生，实现了基础型与拓展型两类课程的有机整合。基于不同年级的课程目标，我们灵活采用必修、选修、自修等多种学习模式，为儿童提供了丰富的课程选择，既提升了儿童的审美能力，又让儿童的生活更加多彩。

一、学科课程结构

根据美术学科核心素养，我校"多彩美术"课程划分为多彩造型、多彩设计、多彩欣赏和多彩探索四个部分，分别对应美术学科的"造型·表现""设计·应用""欣赏·评述"和"综合·探索"四大艺术实践活动，如图8-3-1所示。

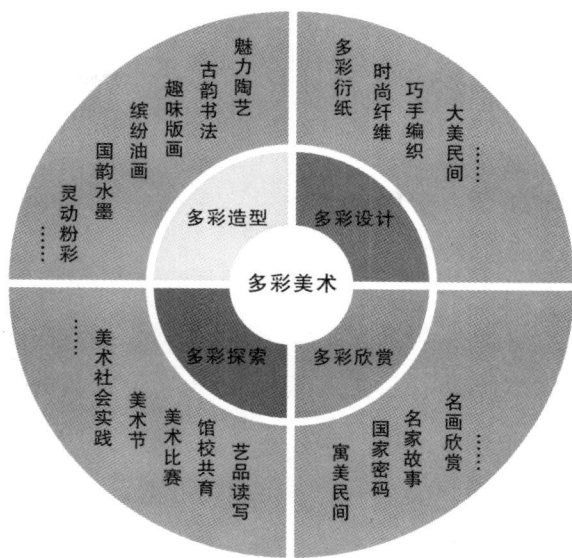

图 8-3-1　西安高新第一小学"多彩美术"课程结构

（一）多彩造型

多彩造型是根据儿童的身心发展水平,引导儿童在多种美术媒材的探索中观察、认识与理解线条、形状、色彩等基本造型元素,旨在培养观察能力,发展艺术感知能力,并提升造型表现能力。例如,"国韵水墨"通过笔墨技法的练习,由浅入深,引导儿童在积累与探索中感受中国水墨画的独特魅力;"缤纷油画"课程则鼓励儿童创造性地运用丰富的色彩语言来表达自己的所感所想。

（二）多彩设计

多彩设计与生活紧密相连,通过"多彩衍纸""时尚纤维""巧手编织""大美民间"等系列课程,提高儿童的动手能力,让他们学会创意设计和工艺制作的基本方法,了解设计和工艺的基本程序,感受不同材料的特性。这些设计活动旨在培养儿童的艺术思维、工程思维、创新意识和创造能力。

（三）多彩欣赏

多彩欣赏通过欣赏经典艺术作品,使儿童较全面地了解美术与生活、历史、文化的关系,初步形成审美判断能力。多彩欣赏通过不同的欣赏内容,拓宽欣赏的广度,让儿童了解美术作品的不同形式和风格。在探索的过程中,儿童学习从多角度欣赏,挖掘欣赏的深度,掌握美术欣赏的方法和规律,从而提升视知觉感受能力。同时,通过欣赏,儿童可以深入理解美学文化,增强欣赏的深度,提高鉴赏评述能力。

(四)多彩探索

多彩探索注重美术学科各艺术实践活动的联系,以及与其他学科的融合,引导儿童了解美术与社会、美术与自然、美术与生活之间的关系。通过自主探究和综合性的美术活动,儿童能够开阔视野,拓展想象空间,并从中体验创作的乐趣。

二、学科课程设置

我们根据儿童的身心发展水平,围绕"用美编织绚烂童年"的课程理念,纵向按照六个年级,横向依据四大艺术实践活动,构建了分级递进、前后衔接的"多彩美术"课程体系(见表8-3-1)。这一课程体系适合不同年龄儿童在美术方面的认知水平和实践能力。

表8-3-1 西安高新第一小学"多彩美术"课程设置

年级	学期	课程			
		多彩造型	多彩设计	多彩欣赏	多彩探索
一年级	上学期	陶艺基础	衍纸基础(一)	石器中的秘密 剪纸中的艺术	艺品读写
	下学期	魅力陶艺	衍纸基础(二)	名家故事(一) 陶器中的秘密	艺品读写
二年级	上学期	初识粉彩	巧手编织(一)	山水画欣赏 农民画艺术	走进美术馆 艺品读写
	下学期	灵动粉彩	多彩衍纸(一)	名家故事(二) 编织中的艺术	走进美术馆 艺品读写
三年级	上学期	缤纷油画(一)	时尚纤维(一)	花鸟画欣赏 陶器中的秘密	走进博物馆 艺品读写
	下学期	缤纷油画(二)	多彩衍纸(二)	名家故事(三) 刺绣中的艺术	走进博物馆 艺品读写

续表

年级	学期	课程			
		多彩造型	多彩设计	多彩欣赏	多彩探索
四年级	上学期	趣味版画（一）	巧手编织（二）	油画欣赏 瓷器中的秘密	走进博物馆
	下学期	趣味版画（二）	时尚纤维（二）	名家故事（四） 国画人物欣赏	走进博物馆
五年级	上学期	国韵水墨（一）	剪纸艺术（一）	水彩画欣赏 服饰中的艺术	走进博物馆 走进民间
	下学期	国韵水墨（二）	剪纸艺术（二）	名家故事（五） 漆器中的秘密	走近博物馆 走进民间
六年级	上学期	古韵书法（一）	大美民间（一）	书法欣赏 版画中的艺术	走进美术馆 走进民间
	下学期	古韵书法（二）	大美民间（二）	名家故事（六） 雕塑中的艺术	走进美术馆 走进民间

第四节　多彩美术描绘艺术生活

"多彩美术"课程的实施主要从构建"多彩课堂"、打造"多彩课程"、成立"多彩社团"及开展"多彩活动"4个方面展开，并辅以多角度的综合评价，旨在让儿童充分体验丰富多彩的艺术生活。

一、构建"多彩课堂"，提升学科课程品质

"多彩课堂"是在"用美编织绚烂童年"的学科理念指导下构建的美术学科特色课堂。"多彩课堂"以学生为主体，以合作式学习和探究式学习为主，旨在激发学生的学习兴趣，鼓励他们大胆表达自己的想法，让学生在持续的探究过程中感受美术的魅力，提升感性素养，并涵养人文精神。

（一）"多彩课堂"实践与操作

在落实"多彩课堂"的过程中，我们注重课前指导、课中调整、课后反思，

秉持以生为本的原则，充分调动学生的学习积极性，从而激发他们自主学习的动力。

（二）"多彩课堂"评价标准

我们从教学目标、教学内容、学生活动、课堂氛围、教学效果 5 个维度对"多彩课堂"进行系统评价（见表 8-4-1）。

表 8-4-1　西安高新第一小学"多彩课堂"评价标准

评价项目	评价要素	评价星级	亮点	待提高
教学目标	1. 以个人或集体合作的方式参与美术活动。 2. 了解美术语言及其表达方式和方法。 3. 运用各种工具和媒材进行创作，表达情感或改善环境与生活，学习美术欣赏和评述的方法，了解美术对文化生活和社会发展的独特作用，从而获得对美术学习的持久兴趣	☆☆☆☆☆		
教学内容	1. 突显美术性和趣味性，层次分明，重难点突出。 2. 创造性地使用教材，教学容量适中，深浅适宜，促进学生向着总目标发展	☆☆☆☆☆		
学生活动	1. 做好课前准备，对学习充满兴趣，养成良好的课前习惯。 2. 听课习惯好，领悟力强，积极参与倾听与思考。 3. 师生互动、生生互动，进行合作与交流。 4. 学习主动性强，效果明显，依据目标积极合理地完成学习内容	☆☆☆☆☆		
课堂氛围	1. 兴趣浓厚，能充分体验学习的成就感。 2. 积极参与合作探究，提高课堂效率。 3. 交流顺畅，课堂氛围和谐	☆☆☆☆☆		
教学效果	1. 了解美术语言及其表达方式和方法。 2. 提高审美能力，积累审美经验。 3. 形成基本的美术素养	☆☆☆☆☆		

二、打造"多彩课程"，开阔美术视野

我校美术学科教研组主要从以下 4 个方面实施"多彩课程"，旨在开阔儿

童视野，丰富儿童体验，提升儿童的审美能力。

（一）"多彩课程"实践操作

1. 多彩造型

多彩造型通过多样化的造型活动，培养儿童养成观察的习惯，从而锻炼他们的观察能力。在此基础上，多彩造型着重提升儿童的造型表现能力，并让他们深入体验造型活动的独特乐趣。

2. 多彩设计

多彩设计旨在让儿童了解设计和制作的全过程，引导他们认识并学会运用多种媒材，从而提高他们的动手能力。同时，多彩设计注重培养儿童"物以致用"的意识，激发他们的创新意识，并帮助他们养成严于计划、精于制作的好习惯。

3. 多彩欣赏

多彩欣赏旨在让儿童初步掌握欣赏美术作品的方法，进而促进他们对中华优秀传统文化及陕西地域特色文化的深入理解，同时了解西方艺术形式和文化内涵，感受中西方艺术的差异。多彩欣赏可以开阔儿童的艺术视野，激发儿童的艺术思维，有效提升儿童的审美能力，进而发展他们的美术素养。

4. 多彩探索

多彩探索旨在引领儿童深入认识美术与社会、自然、生活等之间的联系，培养他们解决问题的综合能力，激发他们对未知领域的探索欲望，并让他们体验成功的喜悦。

（二）"多彩课程"评价标准

"多彩课程"注重评价与教学的协调统一，因此评价贯穿美术学习的全过程，强化过程评价与阶段评价的融合，并提倡自我评价与多角色评价相结合。"多彩课程"关注儿童对美术知识、技能的掌握情况，并重视学习态度、美术学习能力、欣赏应用等方面的价值作用，具体内容见表 8-4-2。

表 8-4-2　西安高新第一小学"多彩课程"评价标准

项目	评价内容	评价等级
规划	遵循儿童成长规律，根据课程标准制定规划	☆☆☆☆☆

续表

项目	评价内容	评价等级
目标	目标合理清晰,注重美术表现的多样性与创新性	☆☆☆☆☆
实施	按照计划有步骤实施,激发兴趣,注重探究与参与	☆☆☆☆☆
效果	实施多元评价,积极反思,完善课程	☆☆☆☆☆

三、成立"多彩社团",发展美术特长

社团活动既是国家课程的补充,又是国家课程校本化的体现,能够丰富课程内容,激发个人兴趣,是儿童培养兴趣、提升特长的重要途径。通过"多彩社团",儿童能够不断挖掘艺术特长与潜能。

(一)"多彩社团"实践与操作

"多彩社团"开设了书法、油画、国画、衍纸画、纤维装饰、绳结编织等12个社团,并在活动过程中制定了完整的学期活动计划,记录了活动情况,并进行了活动总结。

1. 书法社团

书法社团通过鉴赏古今书法大家的作品,引导儿童了解书法学习的价值,掌握书法的基本功,进行创作训练,并鼓励儿童参加各项书法比赛,从而培养他们写出漂亮的毛笔字的能力。通过这种方式,书法这一传统而又精粹的古老艺术得以传承,并焕发新的活力。同时,书法社团致力于培养儿童对中华优秀传统文化的热爱,从而促进书法文化的弘扬与发展。

2. 油画社团

油画社团以"继承传统,发扬创新"为发展原则,以"中西结合,全面发展"为教学策略,从油画的色彩应用和丰富的绘画语言入手,逐渐让儿童了解油画的发展史,感知不同流派的艺术风格,领悟西方艺术和文化的精髓,从而全面提高儿童的艺术文化素养。

3. 国画社团

国画社团秉承发扬中华优秀传统文化艺术的理念,重视培养儿童的爱国主义情怀。国画社团从花鸟画入手,通过简练的笔墨技法,由浅入深,引导儿童分步练习写意画,帮助儿童不断积累绘画经验。同时,国画社团还创新性地

将传统笔墨应用于不同的媒材上，在不断探索与研究中，提升儿童对笔墨的掌控能力，并激发他们对国画的学习兴趣。

4. 衍纸画社团

衍纸画社团旨在通过衍纸画制作，引导儿童从二维空间逐步向三维空间转化，这是一种重要的探索性艺术创作形式。衍纸画社团教授儿童通过握、捏、抓、取、捻、拉、拽等技法，创造出各种基本造型，并引导他们利用这些基本造型的组合来设计衍纸画作品。通过学习衍纸画制作技法与创作实践，衍纸画社团旨在培养儿童的空间创造能力，并提高他们的艺术理解能力。

5. 纤维装饰社团

纤维装饰社团开设的主要课程是羊毛毡手工制作。羊毛毡具有颜色丰富、制作简单的特点。因此，儿童能够利用羊毛毡材料制作各种手工作品，如玩偶、杂货、首饰和配饰等。通过了解羊毛毡艺术的创作特点，体验手工制作的乐趣，儿童能够培养动手能力和立体造型能力，进而提高审美能力。

6. 绳结编织社团

绳结编织社团将欧洲的Macramé（手工绳结）与中国古老的绳结编织文化相融合，设计出一系列既实用又美观的手工作品，以此重拾我们的传统手工艺，并通过这种新的艺术形式传递我们对生活的态度。绳结编织的应用极为广泛，不仅可以编织挂毯，还可以编织衣服、鞋子、包包、抱枕、灯罩、盆栽吊篮、置物架、婚礼背景等，可谓包罗万象。这为儿童提供了无限的想象和创作空间，并引导他们将绳结编织应用到日常生活中去，实现学以致用的目的。

7. 纸本插画社团

纸本插画社团尝试让儿童学习用绘画语言表现简单的文字内容，如通过抓住文字的中心思想进行画面创作，并加以丰富。通过临摹练习，儿童不仅可以熟悉画材，掌握绘画技法，还可以学习基本的排版知识，从而用绘画来表现自己创作的文字内容，尝试为自己喜欢的图书画插图。在这一过程中，儿童将领悟图像的含义，促进情感的生成与智慧的发展，提升对生活的观察力，并逐渐学会用美术记录生活、传达信息及表现思想的方式。

8. 创意绘画社团

创意绘画社团将创意融于绘画之中，并跳出绘画进行创新性思考，从而将思维、想象、多感体验与情感表达融为一体。创意绘画社团借助童话故事、韵语儿歌、思维游戏、手脑潜能音乐等多元素材来拓展创意情境,还在平面创意的基础上增加了立体创意。通过绘画中的创意实践,创意绘画社团开发儿童的想象空间,激发他们的创造力,促进儿童的多元智能和全脑潜得到充分开发。

9. 综合绘画社团

综合绘画社团主要通过对儿童造型艺术活动中立体浮雕材料的运用与创作,开展对造型艺术中综合材料的深入探索性活动。综合绘画社团着重发掘与培养儿童的色感与质感感知能力,引导儿童研究立体浮雕材料在画布上的运用,以提升儿童的审美能力和色彩敏感度,并加深他们对自然事物的理解。

10. 民间美术社团

民间美术社团是由我校民间美术爱好者自发组织成立的。社团成员以1~4年级儿童为主,并按照民间美术的不同门类分为1~2年级初级班和3~4年级高级班,具体设有农民画小组、剪纸小组、皮影小组、马勺脸谱小组、面花小组等。民间美术社团的主要目标是让成员了解民间美术的不同表现形式,理解民间美术的美好寓意。在学习过程中,成员们会在农民画的基础上,通过手工制作进行民间艺术创造,从而增强对中华优秀传统文化的热爱,进一步掌握民间美术的技巧,同时培养观察能力、审美能力和创新思维。

11. 陶艺社团

陶艺社团是在倡导自主学习精神及对艺术的热爱与执着追求的基础上成立的,将传统与当代陶瓷艺术的鉴赏与创作作为教学重点。儿童通过学习泥条盘筑、泥板拼接、捏塑、拉坯等制作方法,并结合镂空、浮雕、绘画等艺术表现手法来创作陶艺作品。这些活动旨在提高儿童的动手能力和空间造型能力,培养他们对中华优秀传统文化的热爱之情,并增强民族自豪感。

12. 版画社团

版画社团活动为儿童提供了创作作品的时间和空间,同时通过欣赏名人名画、名作来提升他们的艺术欣赏水平。版画社团结合手工制作教学,训练儿童的动手能力和造型能力。在掌握了一定的木刻技法后,版画社团进一步引导儿童以想象为辅助,将自己的想象用木刻语言表达出来,从而充分发挥儿童思维跳跃性强、善于模仿的特点,并养成对听到、看到、感受到的事物进行深度思考的习惯。

（二）"多彩社团"评价标准

我们从情感态度、合作交流、实践能力、成果展示4个方面对"多彩社团"进行多维度评价（见表8-4-3）。

表8-4-3　西安高新第一小学"多彩社团"评价标准

评价项目	评价内容	评价星级	亮点	待提高
情感态度	资料准备充分	☆☆☆☆☆		
	兴趣浓厚	☆☆☆☆☆		
	创作认真	☆☆☆☆☆		
合作交流	积极参与互动	☆☆☆☆☆		
	倾听同学的意见	☆☆☆☆☆		
	合作完成学习任务	☆☆☆☆☆		
实践能力	会用多种方法搜集、处理信息	☆☆☆☆☆		
	敏于发现，严于计划	☆☆☆☆☆		
	合理使用工具和制作方法	☆☆☆☆☆		
成果展示	活动过程记录	☆☆☆☆☆		
	绘画作品	☆☆☆☆☆		
	成果创意	☆☆☆☆☆		

四、开展"多彩活动"，打造展示平台

丰富多彩的美术活动不仅能够提高课堂学习效果，还能极大地激发儿童的学习积极性。这些活动通过多种途径让儿童走近美术、学习美术，使美术学习与实际运用之间的联系更加紧密。同时，丰富多彩的美术活动还为儿童搭建了一个展示自我的舞台，有效地调动了他们学习美术的积极性，并帮助他们树立了自信心。

（一）"多彩活动"实践与操作

根据学校和学生的实际情况，我们结合学生的年龄共性特征和兴趣爱好，致力于构建学校、家庭和社会"三位一体"的协同育人机制，通过协同联动、整合力量，切实推进素质教育，形成全员、全过程、全方位的美育育人格局。"多

彩活动"主要由艺品读写、馆校共育、多彩美术节和童画·童话教育教学成果展等多元活动组成。

1. 艺品读写

艺品读写通过美术学科与语文学科"听说读写"的有机结合,以生活经历、经典读物、民间艺术、传统文化为载体,通过"看画做""读写思""赏品鉴""寻探创"等系列化艺术实践活动,致力于打造综合性的美术活动。

2. 馆校共育

馆校共育通过馆校与家校合力共育,开展"润物无声、育人无痕"的参观交流活动,让儿童近距离欣赏名家名作,从而拓宽美术视野。在陕西地域特色浓厚的人文文化背景下,儿童通过参观身边的文化遗迹,观察地域文化现象,深入了解家乡的优秀传统文化,共同传承与弘扬优秀传统文化,进而树立对家乡优秀传统文化的自信。

3. 童画·童话教育教学成果展

童画·童话教育教学成果展为学生搭建了展示美术能力和学习成果的平台,旨在提升学生的美术实践能力,树立他们学习美术的自信心,并提供学生之间交流学习的平台。

(二)"多彩活动"评价标准

为使"多彩活动"得以有效开展,活动的评价环节就显得尤为重要。我们主要从馆校共育、家校共育、自主发展 3 个方面对"多彩活动"进行全方位的综合评价(见表 8-4-4)。

表 8-4-4　西安高新第一小学"多彩活动"评价标准

评价项目	评价对象及内容			评价星级	亮点	待提高
	评价学生标准	评价教师标准	评价家长标准			
馆校共育	报名参加活动,现场聆听,上交参观体会或相关作品;提升艺术审美和创作水平	积极宣传并组织活动,现场答疑解惑	负责学生活动的安全,配合学校和场馆工作	☆☆☆☆☆		

评价项目	评价对象及内容			评价星级	亮点	待提高
	评价学生标准	评价教师标准	评价家长标准			
家校共育	及时将亲子共绘、家校共育等活动信息传递给家长,同时将活动过程和结果汇报给学校,并积极参与其中,体验活动的乐趣	积极宣传活动,组织学生与家长共同参与,及时落实活动开展情况,及时展示学生作品	积极配合学校,辅助学生完成活动或作品;协助学校、教师共同培养学生的综合艺术素养	☆☆☆☆☆		
自主发展	积极参与,争先创优,为集体争光	组织学生,认真辅导,及时总结	大力支持,配合学校和组委会工作	☆☆☆☆☆		

"多彩美术课程"通过多元的形式、多样的种类和多维的活动,旨在美术学习的过程中发展学生的核心素养,塑造健全人格,编织绚烂童年。

第九章
尚美音乐：用旋律启迪至善人生

以美育人是音乐的本质。"尚美音乐"将传统人文与艺术实践相融合，让儿童认识美、感受美、创造美。儿童在音乐的沁润中体验趣味，科学发声，欢乐"唱"；感知律动，和谐身心，畅快"舞"；深入体会，保持兴趣，热情"奏"；丰富认知，塑造健全人格，愉悦"戏"。"尚美音乐"用音乐点亮童心之光，以旋律启迪至善人生。

西安高新第一小学的音乐学科在学校"一品文化"的引领下，以《中国学生发展核心素养》《教育部关于推进学校艺术教育发展的若干意见》《义务教育艺术课程标准（2022年版）》为导引，遵循儿童成长规律，将音乐艺术与教学方法论深度融合，引导儿童通过丰富的音乐课程与多彩的实践活动，探究、发现、领略音乐的艺术魅力，从而培养其对音乐的持久兴趣，涵养美感，达到和谐身心、陶冶情操和健全人格的目的。基于这样的教育理念和实践经验，学校构建了"尚美音乐"课程体系。

第一节　尚美是音乐的底色

音乐是美育课程，对音乐的感悟、表现、创造是人类的一种基本素质和能力。音乐课在提升儿童审美能力方面扮演着重要的角色。对音乐学科性质的深度解读使得我校音乐教育方向更加明晰。

一、学科价值观

《义务教育艺术课程标准（2022 年版）》指出："义务教育艺术课程以立德树人为根本任务，培育和践行社会主义核心价值观，着力加强社会主义先进文化、革命文化、中华优秀传统文化的教育；坚持以美育人、以美化人、以美润心、以美培元，引领学生在健康向上的审美实践中感知、体验与理解艺术，逐步提高感受美、欣赏美、表现美、创造美的能力，抵制低俗、庸俗、媚俗倾向；引导学生树立正确的历史观、民族观、国家观、文化观，增强爱党、爱国、爱社会主义的情感，坚定文化自信，提升人文素养，树立人类命运共同体意识，为实现中华民族伟大复兴而不懈奋斗。"

音乐是人类文化的重要组成部分，是人类文化艺术长河中璀璨的明珠。卡尔·奥尔夫这样阐释音乐："感于内心，动于身体。"现世留存的音乐作品，无一不是音乐家在时代长河里内心情感、民族文化、人物性格的展现，具有鲜明深刻的人文性。

音乐学科的审美性尤为重要。以美育人的教育思想与我国的教育和文化传统一脉相承。2016 年 9 月《中国学生发展核心素养》研究成果发布，以培养"全面发展的人"为核心，从更深层次上指明了现当代音乐教育的方向。正如《义务教育艺术课程标准（2022 年版）》中提出："坚持以美育人、以美化人、以美润心、以美培元，引领学生在健康向上的审美实践中感知、体验与理解艺术，逐步提高感受美、欣赏美、表现美、创造美的能力。"

我们基于音乐学科的内涵及性质，遵循儿童成长规律，将传统人文与艺术实践相结合，引导儿童通过丰富的音乐课程与多彩的实践活动进行探究、发现，领略音乐的艺术魅力，促进他们的全面发展，从而用音乐点亮童心，让旋律启迪至善人生。

二、学科课程理念

音乐教育家柯达伊认为："音乐是人类文化绝不可缺少的部分，是不能被其他物质所代替的精神食粮，只有音乐才能在心灵上发光。"在丰富的艺术实践活动中,儿童通过拥抱音乐、发现音乐、体验音乐、融入音乐这一系列过程,逐渐形成对音乐的感官印象,并在此基础上理解音乐。这一过程促使他们尝试新的创造与表达,进而认识美、感受美、创造美,并在音乐的世界里启迪人生智慧。我校在持续的教学实践中,基于音乐学科的内涵及性质,提炼出"用旋律启迪至善人生"的课程理念,并构建了"尚美音乐"课程。通过该课程,我们引导儿童在丰富的艺术实践活动中,深入探究、发现、领略音乐的艺术魅力,同时培养他们的审美能力和追求美的能力,从而以美育人。

(一)"尚美音乐"是启智的过程

法国作家雨果说:"人的智慧掌握着三把钥匙,一把开启数字,一把开启字母,一把开启音符。知识、思想、幻想就在其中。"音乐不仅能激发思维,还能诉诸情感和理智。"尚美音乐"课程有机地将这两者结合起来,在音乐实践活动中不断启迪儿童的智慧。

(二)"尚美音乐"是至善的过程

荀子说:"乐者,圣人之所乐也,而可以善民心,其感人深,其移风易俗,故先王导之礼乐而民和睦。""尚美音乐"课程紧紧围绕音乐学科核心素养,旨在培养对生活积极乐观、拥有高尚情操、理解多元文化、能够向上向善融入社会的合格公民。

(三)"尚美音乐"是育美的过程

现当代音乐教育家廖乃雄在其论著《论音乐教育》中这样阐释音乐:"音乐通过声响作用于人的听觉,从而影响人的感觉、知觉,甚至通过人的音感与乐感,影响人的情感和思想。"音乐既有育美的作用,又有育人的作用,因此"尚美音乐"课程致力于培养儿童感受美、表现美、鉴赏美、创造美的能力,从而以美育人。

第二节　在音乐中涵养美感

《义务教育艺术课程标准（2022 年版）》指出："艺术课程围绕核心素养，体现课程性质，反映课程理念，确立课程目标……艺术课程要培养的核心素养主要包括审美感知、艺术表现、创意实践、文化理解等。"基于对音乐学科的认识，"尚美音乐"课程结合我校实际情况制定了相应的教育目标，旨在让儿童在音乐学习中涵养美感。

一、学科课程总体目标

根据《义务教育艺术课程标准（2022 年版）》的要求，通过义务教育艺术课程的学习，学生应达到以下目标。

（1）感知、发现和欣赏艺术美、自然美、生活美、社会美，从而提升审美感知能力。

（2）丰富想象力，运用媒介、技术和独特的艺术语言进行表达与交流，运用形象思维创作情景生动、意蕴健康的艺术作品，提高艺术表现能力。

（3）发展创新思维，积极参与创作、表演、展示、制作等艺术实践活动，学会发现并解决问题，提升创意实践能力。

（4）感受和理解我国深厚的文化底蕴和党的百年奋斗重大成就，传承和弘扬中华优秀传统文化、革命文化、社会主义先进文化，坚定文化自信，铸牢中华民族共同体意识。

（5）了解不同地区、民族和国家的历史与文化传统，理解文化与构建人类命运共同体的关系，学会尊重、理解和包容。

为实现目标，结合音乐学科的核心素养，我校提出音乐学科课程目标，力求通过丰富多彩的课堂内容，发展儿童的音乐创造性思维，为儿童喜爱音乐、学习音乐、享受音乐奠定良好的基础，为他们提供受用一生的音乐养分。

（一）审美感知

《义务教育艺术课程标准（2022 年版）》指出："审美感知是对自然世界、

社会生活和艺术作品中美的特征及其意义与作用的发现、感受、认识和反应能力。"在音乐课程的学习中,儿童将丰富情感体验,培养对音乐的兴趣,提高审美鉴赏能力,了解不同民族的音乐风格,学习世界各民族的音乐,理解音乐文化的多元性。同时,我们将通过"尚美课程"来增强音乐教学的有效性,并着重提升儿童的音乐能力。通过学习"尚美课程",儿童不仅能感受音乐、聆听音乐,还会深入了解古诗词歌曲、戏曲等相关音乐文化,从而培养音乐审美能力和鉴赏、表现能力。

(二)艺术表现

通过体验、模仿、探究、合作、综合5个层次,我们致力于培养儿童的音乐审美能力。正如爱因斯坦所言:"一切创造性劳动都是从创造性的想象开始的。"在学习过程中,我们鼓励儿童积极参与音乐课堂的听、唱、舞、奏、创等实践活动,发展他们的音乐核心素养。通过"尚美课程",我们将感知和体验音乐放在教学的重要位置,引导儿童参与演唱、演奏、舞蹈、编创等多样化的音乐活动,以促进他们综合审美能力得到全面发展。

(三)创意实践

我们致力于引导儿童综合运用多学科知识,紧密联系现实生活,进行音乐创新,并提升实际应用的能力;积极参与创作、表演、展示、制作等艺术实践活动,学会发现并解决问题,提升创意实践能力。这种创意实践的培育,有助于儿童形成创新意识,提高艺术实践能力和创造能力,并增强团队合作精神。

(四)文化理解

我们应该让儿童掌握音乐基础知识与基本技能,了解音乐历史与相关文化知识,感知不同艺术门类的主要表现手段和艺术形式特征,同时了解音乐与其他学科的联系,从而开阔儿童的音乐文化视野。我们应该根据儿童的生活经验和已学过的知识,引导他们认识音乐的社会功能,理解音乐与社会生活的关系。通过"尚美课程",我们应该培养儿童对音乐的热爱。

二、学科课程年级目标

在"尚美音乐"课程总体目标的基础上,结合儿童身心发展规律和知识能力水平的不同特点，依据《义务教育艺术课程标准（2022 年版）》中的目标设置，我校制定了音乐学科课程的年级目标。以下以三年级为例，我们将展示一个年级的具体目标（见表 9-2-1）。

表 9-2-1 西安高新第一小学"尚美音乐"课程三年级目标

学期	单元	课程目标
上学期	第一单元	1. 共同要求。 （1）从音乐中感受并体验童年生活的幸福和快乐，表达对童年生活的热爱之情。 （2）能借助图形谱、律动等方式，感受乐曲的旋律、节奏、情绪等特点。 （3）认识键盘乐器——钢琴，记住钢琴的音色；结合键盘结构认识 C，D，E，F，G，A，B 等 7 个音名；认识五线谱和高音谱号。 （4）能用自然优美的歌声演唱歌曲，有感情地背唱和演奏其中一首歌曲。 （5）能根据歌曲的特点，编创不同的伴奏型，并能用三角铁和碰钟为歌曲伴奏。 2. 校本要求。 （1）通过科尔文手势引导，体验、认知多声部和声之美。 （2）能够根据音乐旋律的速度、力度进行不同的身体打击体验。 （3）围绕"勇气"这一主题，能够进行戏剧性的肢体表达
	第二单元	1. 共同要求。 （1）通过听、唱、舞、奏、创等音乐实践活动，初步感受蒙古族的民间音调，并体验这一地区音乐的民族风格。 （2）有感情地演唱两首歌曲，表现它们的不同风格。 （3）通过比较的方法来欣赏管弦乐，感受由于速度的变化使音乐产生的不同情绪，熟悉主题并听辨出主题出现的次数。 （4）欣赏二胡曲，感受音乐奔放、欢腾的情绪，想象音乐表现的情景；熟悉主题并听辨出主题重复了几次；认识二胡并记住二胡的音色。 （5）唱准"mi, sol, 1a" 3 个音的音高，掌握四分音符和八分音符，并能在实践活动中听辨和运用。 （6）五线谱版：了解乐句知识，学会分辨乐句，并能听辨出乐句的相同与不同。 2. 校本要求。 （1）通过聆听旋律，能够分辨单声部与多声部旋律。 （2）通过音乐旋律的速度、力度、情绪变化，进行不同的肢体律动。 （3）通过故事《小黑鱼》，发现戏剧角色的特点

学期	单元	课程目标
上学期	第三单元	1. 共同要求。 （1）通过聆听演唱，懂得珍惜朋友和伙伴之间的团结友爱之情。 （2）能听辨出歌曲中的相同乐段，并能边听音乐，边进行行进表演，感受音乐的进行曲风格。 （3）初步了解乐句的意义，学会分辨和划分音乐的乐句，并能用自己喜欢的方式表现乐句的相同与不同。 （4）流畅地演唱歌曲，创编新歌词，并配打击乐器伴奏，提高音乐表现力。 （5）师生合作进行发声练习，在二声部合唱中做到声音和谐、音高准确，并能用不同的力度表现"青蛙合唱"的声音效果。 （6）认识不同位置上的唱名"mi, sol, la"，并能进行"mi, sol, la"在不同位置的视唱练习；认识四分音符和八分音符，并能在实践活动中听辨和运用。 2. 校本要求。 （1）通过科尔文手势进行三和弦模唱，感受多声部旋律之美。 （2）通过音乐旋律的速度、力度、情绪变化，进行小组身体律动。 （3）通过《小黑鱼》故事研读，自选角色进行戏剧对话创编
	第四单元	1. 共同要求。 （1）通过4首音乐作品的学习，培养学生对生活和民族音乐的热爱之情。 （2）能正确听辨在速度、力度、节奏、情绪等方面的变化，能根据音乐的特点展开联想或想象。 （3）认识琵琶并记住琵琶的音色。 （4）能用柔美而明亮的声音有感情地演唱歌曲，并能结合动作和歌声，自豪地表达歌词内容。 2. 校本要求。 （1）通过和弦进行模唱训练后，能更换母音"la"进行演唱。 （2）通过慢速抒情舞曲赏析，初步体验舞曲音乐的特点。 （3）通过深入研读《小黑鱼》中的角色，体会"勇气"的价值
	第五单元	1. 共同要求。 （1）能用歌声表达对妈妈的感恩之情，能够用优美、流畅、亲切的声音演唱。 （2）能用慢速、深情、轻柔的歌声演唱，能根据歌词内容有表情地演唱歌曲。 （3）能正确分辨、聆听作品的演唱形式。 （4）认识并唱准歌曲中的四分休止符，懂得休止符在歌曲中的表现作用。 （5）能选择合适的速度演唱歌曲，懂得音乐的速度变化在歌曲中的表现作用。

学期	单元	课程目标
上学期	第五单元	2. 校本要求。 (1)通过学习趣味曲谱,能够在旋律伴奏下进行多声部旋律模唱。 (2)通过体验抒情舞曲音乐,尝试创编舞蹈动作。 (3)能够小组合作进行戏剧创作:《小黑鱼》
	第六单元	1. 共同要求。 (1)流畅地唱好歌曲,把握《三拍子》的律动感,并充分展示歌曲的情趣。 (2)能听辨齐唱形式的歌声,理解其旋律特点,并识别不同的表现形式,说出自己的感受和联想。 (3)能用动作表现音的高低变化,根据音乐的速度、力度、音色等特点,联想音乐所表现的情景。 (4)能和同学合作进行以"春天的早晨"为命题的声响创作,并对音乐创作表现出兴趣。 2. 校本要求。 (1)在模唱多声部旋律的基础上加入简单的歌词,并交换声部练习演唱。 (2)能够在抒情舞曲音乐中,完成自创舞姿的展示。 (3)能够为剧本选择合适的配乐,为"音乐剧"表演做好准备工作
	第七单元	1. 共同要求。 (1)能在轮唱形式中用柔美的声音歌唱,并选择合适的打击乐器表现歌曲的意境。 (2)能在合唱的形式中用圆润而有弹性的声音演唱歌曲。 (3)认识"fa, si, do"3 个音,并能在歌曲和其他实践活动中唱准这 3个音。 2. 校本要求。 (1)通过分解和弦、转位和弦来听辨、演唱并感受三声部旋律之美。 (2)能够以小组的形式,进行抒情舞姿的创编。 (3)能够选择合适的打击乐器,为"音乐剧"演奏
	第八单元	1. 共同要求。 (1)通过演唱和聆听一组表现丰收的音乐作品,感受劳动和收获的喜悦之情,激发对家乡和劳动的热爱。 (2)能边唱歌曲边做 1~2 个朝鲜族舞蹈动作,准确展现歌曲《三拍子》的韵律。 (3)能运用连音和跳音两种唱法演唱,表现出歌曲轻快、优美的特点。 2. 校本要求。 (1)与其他同学合作,完整演唱二声部歌曲。 (2)能够在抒情舞曲音乐中,完成小组自创舞姿的展示。 (3)小组进行音乐剧展示,呈现原创戏剧中"勇气"这一主题

续表

学期	单元	课程目标
下学期	第一单元	1. 共同要求。 （1）在聆听或演唱爱国主义题材的音乐作品时,能用简洁的语言或动作描述和表达对祖国的热爱。 （2）聆听管弦乐,感受乐曲的激昂气势,熟悉乐曲的主题旋律,并比较乐曲主题旋律在不同乐段速度、力度、节拍等音乐要素上的变化及其所起的表现作用。 （3）聆听合唱,感受歌曲旋律的特点,了解歌曲的时代背景,体会歌曲所表达的思想感情。 （4）有表情地演唱歌曲,能用优美的歌声表达对祖国的真挚情感。 （5）能用坚定、有力的歌声演唱歌曲,并随二拍子队列行进的音乐特征进行表演,展现歌曲塑造的音乐形象 （6）结合歌曲的学唱和聆听,认识合唱的演唱形式,初步了解中国作曲家冼星海,认识"延长记号",并懂得"延长记号"的作用。 2. 校本要求。 （1）体会歌唱时的呼气和换气,利用换气划分乐句,能够更好地与他人合作演唱。 （2）通过对快速、轻快舞曲的赏析,初步体验舞曲音乐的特点。 （3）认识民族乐器——陶笛,了解其相关历史文化和基本构造
	第二单元	1. 共同要求。 （1）通过聆听 3 首作品和学唱 2 首歌曲,初步了解不同历史时期的真生活,建立珍爱幸福童年的情感。 （2）用对歌的方式和同学合作演唱,能进行即兴节奏选择,并选择合适的打击乐器为歌曲伴奏。在歌曲学唱中认识"反复跳跃记号",懂得演唱方法。 （3）能用合适的速度和表情演唱歌曲,并能与同学合作用双响筒或鼓为歌曲伴奏。 （4）能听辨出歌曲中的速度变化,乐于和小伙伴一起听辨出前后的速度变化,想象音乐所表现的动作,如音乐中木偶滑稽可爱的步态特点。 （5）能跟随音乐模唱,学会 2 个京剧亮相动作。 2. 校本要求。 （1）分声部感受趣味乐谱中三声部旋律的节奏,并合作拍击。 （2）通过轻快的舞曲音乐体验,尝试创编舞蹈动作。 （3）掌握民族乐器——陶笛,了解其基本的演奏姿势及按孔手位
	第三单元	1. 共同要求。 （1）通过聆听乐曲和演唱歌曲,培养崇尚自然、热爱自然的情感。 （2）聆听感受音乐中"鸟"的形象,并能根据音乐进行联想与想象。比较二胡演奏和笛子演奏的相同和不同。

学期	单元	课程目标
下学期	第三单元	（3）认识民族吹管乐器——笛子，记住笛子的音色，并结合乐曲的欣赏进一步感受民族乐器（二胡、笛子）丰富的表现力。 （4）学习"顿（跳）音记号"，并能在歌曲中表现出顿（跳）音的效果。 （5）学会用二声部有感情地演唱歌曲《柳树姑娘》，做到声音优美、声部和谐、音高准确并富有力度变化。 2. 校本要求。 （1）通过声部不断叠加，选择一声部进行模唱，从而聆听、体验多声部旋律之美。 （2）能够在轻快的舞曲音乐中，完成舞姿的创编。 （3）学习掌握民族乐器——陶笛，了解其基本音阶，尝试演奏"do，re，mi"3 音
	第四单元	1. 共同要求 （1）在聆听和演唱音乐作品时，想象或联想音乐所表现的"春"的意境，能用歌声表达对春天和大自然的赞美之情。 （2）聆听民乐合奏，感受乐曲中明快、清新的民歌风格，并能听辨出乐曲中主要演奏乐器的音色。认识民族乐器——笙，并记住笙的音色特点。 （3）能记住并哼唱小提琴协奏曲《春》，并编创相应的动作以表现音乐旋律的变化。 （4）编创节奏，并选择合适的打击乐器为歌曲伴奏。 （5）认识并掌握十六分音符和八分休止符，并能在演唱、创编等音乐实践活动中正确表现及运用。 2. 校本要求。 （1）用"la"模唱三声部旋律，感受气息的变化，并能相互聆听声部旋律的变化。 （2）能够在轻快的舞曲音乐中，完成自创舞姿的展示。 （3）通过学习陶笛的基本音阶，演奏"fa，sol，la，si"4 个音。
	第五单元	1. 共同要求。 （1）演唱教材歌曲，并为歌曲编创歌词，体验在音乐活动中当小音乐家的情趣。 （2）在聆听歌曲时，能分辨出旋律和情绪的不同，并能在乐曲中分辨手风琴、口琴、木吉他的音色；了解这些乐器的演奏方法，能随乐曲模仿其演奏动作。 （3）能用自然优美的歌声进行二声部轮唱的发声练习，控制好力度和气息，演唱中声音和谐、感情真挚。 （4）复习巩固八分休止符的知识，选择适当的打击乐器为短小旋律伴奏，并准确掌握八分休止符的时值。

学期	单元	课程目标
下学期	第五单元	2. 校本要求。 （1）能在无伴奏的情况下，在三声部旋律中加入不同母音进行模唱。 （2）能以小组的形式，进行轻快舞姿的创编并展示。 （3）能用民族乐器——陶笛演奏自然大调音阶
	第六单元	1. 共同要求。 （1）能用轻快活泼的声音演唱歌曲，感受歌曲中旋律的重复与变化，用歌声表达人们对劳动和生活的热爱之情。 （2）聆听乐曲时，能听辨出音乐中塑造的村姑与牧童对答的形象，对唢呐表现的人物形象有探究的欲望和兴趣。 （3）聆听乐曲时，感受歌曲风趣幽默的风格特点，并能在衬词"来伊噢都"处按指定节奏拍手；能按歌曲乐句之间的换气要求演唱，并用柔和的歌声表现歌曲的意境。 （4）聆听乐曲时，认识唢呐并记住唢呐的音色；认识全音符，并在歌曲《小小羊儿》中唱准全音符的时值。 2. 校本要求。 （1）在无伴奏的情况下，体会多声部连音与跳音的变化，能保持声部旋律调性。 （2）能够以小组的形式，进行欢快舞姿的创编。 （3）能够用民族乐器——陶笛演奏简单的单声部歌曲旋律，如《小星星》《玛丽有只小羊羔》《欢乐颂》等
	第七单元	1. 共同要求。 （1）通过聆听或演唱本课的歌曲，感受歌曲所表达的对老师的赞美之情和对老师的怀念与祝福，并用歌声表达对老师的尊敬与爱戴。 （2）通过聆听和欣赏，能辨别出不同的演唱形式，并比较出这两首歌曲在节奏、速度、旋律、情绪上的不同特点。 （3）能用明快、活泼的声音演唱歌曲，并控制好气息，表现出歌曲中休止符的效果，以表达学生对老师的深深爱意。 （4）掌握比较常用的单纯音符、休止符的时值，并能在音乐实践活动中进行听辨和运用。 2. 校本要求。 （1）能在无伴奏的情况下，对多声部旋律的力度、速度进行变化演唱。 （2）能够以小组的形式，进行自创欢快舞姿的展示。 （3）能够完成简单的双声部演奏，如《两只老虎》《欢乐颂》等
	第八单元	1. 共同要求。 （1）通过听一听赞美家乡的歌曲，唱一唱家乡的歌，说一说家乡的美景和风俗，激发学生的爱乡之情，表达对家乡的赞美与热爱。 （2）通过聆听、感受歌曲中所表达的对家乡的赞美和热爱之情，了解女高音、女中音、男高音的音色特点。

学期	单元	课程目标
下学期	第八单元	（3）能用朴实的感情和甜美的声音演唱歌曲,用歌声表达对家乡的赞美之情。 （4）学唱歌曲,通过歌曲的旋律、节奏、歌词等方面,感受维吾尔族民歌的风格。 2. 校本要求。 （1）能在无伴奏的情况下,有感情地进行多声部演唱,体会"阿卡贝拉"和声之妙。 （2）能够以小组的形式,进行自创变化情绪舞姿的展示。 （3）能够独立、有感情地完成一首完整的陶笛曲目演奏

第三节 用音乐点亮童心之光

"尚美音乐"课程坚持面向全体儿童,满足具有专业特长的儿童的发展需求,为儿童提供选择性教育。通过丰富多彩的课程,"尚美音乐"课程以美育为人生奠基,让音乐的种子在孩子们心中萌发,沁润、滋养心灵,用音乐之光点亮孩子们的童心。

一、学科课程结构

根据《义务教育艺术课程标准(2022年版)》中音乐课程的四大领域,基于小学音乐学科核心素养,并考虑儿童身心发展特点,我校"尚美音乐"课程分为尚美歌声、尚美舞动、尚美戏剧、尚美演奏4大板块,共同建构"尚美音乐"课程体系,如图9-3-1所示。

（一）尚美歌声

尚美歌声通过"趣味发声"单旋律声部、"趣味多声"多旋律声部、"阿卡贝拉"无伴奏声部3个递进阶段的发声课程,引导儿童从不同形式的发声练习中体验与感受,培养儿童的歌唱能力。尚美歌声还通过诗词诵唱、古风新韵和学堂新歌3个循序渐进的古诗词歌曲课程,引导儿童深入感受古诗词与音乐的交融之美,体验古诗词歌曲的艺术魅力,感受民族文化的博大精深。

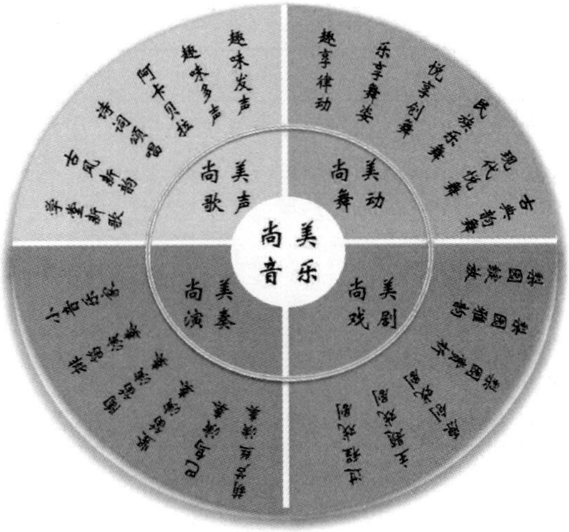

图 9-3-1 西安高新第一小学"尚美音乐"课程结构图

（二）尚美舞动

尚美舞动通过趣享律动、乐享舞姿、悦享创舞 3 个学段,分别培养儿童在声势律动、旋律舞动和创舞方面的感受力、表现力和创造力。尚美舞动还通过民族乐舞、现代悦舞和古典韵舞等舞蹈课程,引导儿童体验丰富的舞蹈种类,感受不同舞蹈的艺术风格。

（三）尚美戏剧

尚美戏剧致力于在戏剧表演过程中逐渐丰富儿童的感知,陶冶儿童的性情,寓教于乐地培养儿童的道德品质、完善儿童的人格。我校通过开展过程戏剧、主题戏剧和原创戏剧课程,旨在培养儿童的角色意识,提升儿童的交流能力、想象力、创造力和团队合作能力。我校还通过梨园赏析、梨园雅韵和梨园绽放课程,引导儿童深入体验民族经典文化,拓宽儿童的艺术学习空间,从而提高他们的音乐综合素养。

（四）尚美演奏

尚美演奏通过排笛演奏、陶笛演奏、竖笛演奏、巴乌演奏、葫芦丝演奏等课程,让儿童熟练掌握一门乐器,并培养他们与其他乐器合奏的能力。同时,通过"小音乐家"系列中各类西洋乐器、民族乐器课程,"尚美演奏"致力于发展儿童的音乐表现力,提升其音乐感受力和演奏技巧。在建立了必要的器乐音色听觉技能后,"尚美演奏"最终使儿童能够提升其审美能力。

二、学科课程设置

"尚美音乐"课程根据《义务教育艺术课程标准(2022年版)》,以国家课程为载体,面向全体学生,同时注重个体差异,为学生提供丰富多彩的课程选择。"尚美音乐"课程在纵向上按学生学年段逐步进阶,在横向上分为尚美歌声、尚美舞动、尚美戏剧和尚美演奏四大板块,并设有详细的课程(见表9-3-1)。

表 9-3-1　西安高新第一小学"尚美音乐"拓展课程

年级	学期	课程内容			
		尚美歌声	尚美舞动	尚美戏剧	尚美演奏
一年级	上学期	趣味发声(一)	趣享律动(一)	过程戏剧(一)	小音乐家(一)(西洋乐器)
	下学期	趣味发声(二)	趣享律动(二)	过程戏剧(二)	排笛演奏(一)
二年级	上学期	趣味多声(一)	乐享舞姿(一)	主题戏剧(一)	小音乐家(二)(西洋乐器)
	下学期	趣味多声(二)	乐享舞姿(二)	主题戏剧(二)	排笛演奏(二)
三年级	上学期	阿卡贝拉(一)	悦享创舞(一)	原创戏剧(一)	小音乐家(三)(西洋乐器)
	下学期	阿卡贝拉(二)	悦享创舞(二)	原创戏剧(二)	陶笛演奏
四年级	上学期	诗词颂唱(一)	民族乐舞(一)	梨园赏析(一)	小音乐家(四)(民族乐器)
	下学期	诗词颂唱(二)	民族乐舞(二)	梨园赏析(二)	竖笛演奏
五年级	上学期	古风新韵(一)	现代悦舞(一)	梨园雅韵(一)	小音乐家(五)(西洋乐器)
	下学期	古风新韵(二)	现代悦舞(二)	梨园雅韵(二)	巴乌演奏
六年级	上学期	学堂新歌(一)	古典韵舞(一)	梨园绽放(一)	小音乐家(六)(西洋乐器)
	下学期	学堂新歌(二)	古典韵舞(二)	梨园绽放(二)	葫芦丝演奏

第四节　在音乐的沁润中成就美

　　"尚美音乐"课程的实施以儿童为主体,基于儿童的学习需求和现状,围绕"用旋律启迪至善人生"的课程理念,致力于营造轻松、快乐的课堂氛围。我校从儿童的学习需求出发,设计符合他们心理特点和认知规律的音乐教学活动。音乐教师运用多样化的教学手段,培养儿童的音乐能力,激发他们的音乐才华,提升他们的音乐学习主动性。同时,通过多维度的评价,音乐教师帮助儿童改进学习策略,提高自主学习能力,从而培养他们的音乐学科素养,并在音乐的熏陶中成就美好人生。

一、打造"尚美课堂",推进音乐课程有效实施

　　基于学校"5E"课程的理念,在"用旋律启迪至善人生"的引领下,我校不断丰富"尚美课堂"的内涵,稳步提升音乐课堂质量。

(一)"尚美课堂"实施与操作

　　1. "尚美课堂"的教学目标是明确的

　　"尚美课堂"的教学目标旨在追求每个学生的正向变化,以学生音乐学习的正向体验为准则,关注音乐学科的本质,以音乐情感体验为主线,围绕歌唱、律动等主要内容进行教学。通过听、唱、动、创等多种活动形式,结合与学生现实生活密切相关的音乐活动,"尚美课堂"为学生提供广阔的思维空间和自由发展的平台,满足不同的学习需求,以达到涵养美感、和谐身心、陶冶情操、健全人格的目标。

　　2. "尚美课堂"的教学内容是丰富的

　　"尚美课堂"的教学内容以小学人音版《音乐》教材为基础,结合学校开发的校本课程,在内容选择上,坚持从学生视角出发,旨在满足教师、学生、家长的多维度需求,体现层次感和多样性,以促进学生音乐学习能力的全面发展。

3. "尚美课堂"的教学过程是立体的

"尚美课堂"的教学过程充满活力，教师在课堂上为学生营造立体多元的课堂场景。"尚美课堂"通过提供开放式的音乐学习体验，带动学生积极参与课堂学习，激发学生对音乐的好奇心，引导学生进行即兴探索式学习；通过欣赏、演唱、舞动、器乐，发展学生的创造性思维。

4. "尚美课堂"的教学方法是灵动的

教师根据学生的身心发展规律和个性特征，采用灵活多样的教学方式，激发学生学习音乐的积极性，尊重学生的表达，启发学生的思维，使学生在学习过程中获得丰富的音乐审美体验。

5. "尚美课堂"的教学评价是缤纷的

面向全体学生，我们采用多样化的评价方式，关注各个层次的学生，特别重视学生的学习体验，以体现评价主体的多元化。日常评价旨在鼓励学生积极参与，检验其学习成效；阶段性评价帮助学生反思问题，发现不足，以优化学习方法；综合性评价则促进学生全面发展，进一步激发学生的学习动力。

（二）"尚美课堂"评价标准

评价的根本目的是为学生提供审美体验，陶冶学生情操，启迪学生智慧，帮助学生了解自身进步，增强学习的信心和动力，促进课程教学质量的不断提高。课堂评价以学生发展为根本出发点和最终目的，我们据此制定了"尚美音乐"课堂评价标准见表（9-4-1）。

表 9-4-1 西安高新第一小学"尚美课堂"评价标准

评价项目	评价内容	评价等级
教学目标	教学目标明确、具体，符合学生学段的鉴赏能力，对重点、难点的处理符合学生的认知规律	☆☆☆☆☆
教学过程	以学生为主体，结合课本上的基础乐理知识，引导学生科学、准确地学习乐曲	☆☆☆☆☆
教学方法	教法设计合理，教学方式多样化，指导学法得当，体现自主学习和合作学习	☆☆☆☆☆
教学评价	评价多元化，结合教师评价、学生互评和学生自评等多种评价方式，并与阶段性、总结性评价相配合	☆☆☆☆☆

评价项目	评价内容	评价等级
课堂效果	实现本节课既定的教学目标,使不同阶段的学生掌握相应的乐理知识,并提升乐曲演唱和鉴赏能力	☆ ☆ ☆ ☆ ☆
总评		

二、建设"尚美课程",丰富音乐学科课程内涵

"尚美课程"依托国家课程,围绕中小学生音乐核心素养,根据学生身心特点,在音乐学科实践中融入"歌、舞、演、奏"四个维度,并结合常规音乐课程和课外选修课程,全方位引导学生以音乐审美为核心,以兴趣爱好为动力,使学生在音乐课程中认识美、体验美、享受美、创造美。

(一)"尚美课程"实践与操作

"尚美课程"的创建以音乐的"歌、舞、演、奏"四大维度为横向拓展,结合学生的身心特点向纵向深化,循序渐进,融会贯通,旨在通过音乐课程,潜移默化地培养学生对音乐艺术美感的体验与感悟,健全人格,实现以美育人。

1. "尚美课程"立足基础,拓展课程

依据《义务教育艺术课程标准(2022年版)》的课程目标,我们结合我校学生的实际情况,持续优化音乐课堂结构,开设了"趣味发声"和"小乐器"等课程。在国家课程的基础上,我们通过趣味发声练习和小乐器进课堂,有效提升了学生的演唱和演奏能力。

2. "尚美课程"打造变化、灵动课程

"尚美课程"的内容设计灵活,根据学生的身心特点进行调整,确保同类课程的内容难度循序渐进。"尚美课程"的时间安排也极具灵活性,不仅在固定课时的音乐课内,还充分利用课前和课外的活动时间。

3. "尚美课程"面向全体,注重个体

学校不再将课程的学习局限于每周两节的音乐课,而是充分利用活动课进行课外选修,为学生提供自主选择权,以培养他们的音乐爱好,激发他们学习音乐的热情,从而实现学生的全面发展。

（二）"尚美课程"评价标准

为了完善"尚美课程"，保障课程的教学品质，并确保儿童安全、有序地参与活动，我们制定了"尚美课程"评价标准（见表9-4-2）。

表9-4-2　西安高新第一小学"尚美课程"评价标准

项目	评价内容	评价等级
课程规划	依照艺术课标的要求，课程开发有理有据，目标清晰明确，方案翔实有效，学习内容由浅入深	☆☆☆☆☆
课程实施	重视学生特长，满足学生的音乐发展需求，制订详细的学期教学计划，书写翔实的教案	☆☆☆☆☆
课程特色	结合地域特色和文化特色，挖掘课程的独特风格，制订个性化学习内容，激发学生喜爱音乐的情感	☆☆☆☆☆
课程反思	根据课程规划、课程设置和课程实施过程，形成有效的课后反思，不断完善课程体系	☆☆☆☆☆

三、建"尚美社团"，富生活色彩

为提高儿童的音乐感受力和鉴赏力，我们开设了"尚美社团"，旨在丰富校园文化生活。"尚美社团"是课堂教学的补充和延伸，相比基础课堂更具灵活性和可塑性，为儿童认识美、感受美、创造美提供了丰富的音乐养分。

（一）"尚美社团"实践与操作

"尚美社团"基于音乐学科核心素养的审美感知、艺术表现、文化理解，遵循儿童成长规律，开展了丰富多彩的社团活动。经过近年来的打造与提升，"尚美社团"现已形成9个特色精品社团：合唱社团、舞蹈社团、有戏社团、戏曲社团、电声社团、男童合唱社团、弦乐社团、管乐社团和国乐社团。

1. 合唱社团

合唱社团通过合唱艺术活动，不仅培养儿童的集体主义观念，提升儿童的合作意识，还致力于提高儿童的审美意识，培养他们的高尚情操。在长期的训练和活动中，合唱社团让儿童们体验音乐之美。此外，合唱社团还开设了基本的音乐知识、发声练习及一些多声部的训练课程，运用新体系的教学模式针对儿童的音准进行教学，从而为合唱作品的演唱打下坚实的基础。

2. 舞蹈社团

舞蹈社团以培养儿童的优美体态和对艺术的审美能力为目标,通过扎实的训练提升儿童的基本功,让他们表演一些富有情趣的舞蹈作品,从而提升他们对艺术作品的理解力、表现力、想象力和创造力。同时,舞蹈社团还在实践活动中不断帮助儿童提炼情感,增强技艺,努力为校园文化增添光彩。

3. 有戏社团

有戏社团将戏剧艺术与教育理念相结合,将戏剧教育创意——即兴沉浸式教学法融入小学音乐课程中,并进行创新实践。通过戏剧方式,有戏社团让学生在音乐课堂中进行实践和体验、即兴创作、小组合作等,从而提升他们的沟通表达、理解他人等综合素养能力。

4. 戏曲社团

戏曲社团以梨园赏析、梨园雅韵和梨园绽放为活动主题,面向全体学生进行教育,旨在满足戏曲爱好者内心的发展需求,为学生提供多样化的教育选择,让国粹文化的种子深深植根于每一个学生的心中。

5. 电声社团

电声社团致力于用乐队的形式让学生感受流行音乐的魅力,培养学生的舞台表现力,提高他们的审美情趣。同时,电声社团鼓励学生创作原创歌曲,以此激发他们的想象力与创造力,增强音乐素养。电声社团还将流行摇滚与校园文化相结合,为学生提供一个展现自我、彰显个性的舞台。

6. 男童合唱社团

男童合唱社团开设以多声部的男声演唱为特色的艺术培养课程。通过学习独唱、重唱、小组唱、合唱等多种表演形式,儿童可以培养集体主义观念,提升合作意识,拓宽音乐知识视野,陶冶情操并促进身心健康。

7. 弦乐社团

弦乐社团开设小提琴、大提琴、低音提琴演奏课程,以发展弦乐类艺术文化和丰富课余生活为宗旨,同时注重培养学生的艺术情操和审美能力,提升学生的应变能力和思维能力。

8. 管乐社团

管乐社团开展各类管乐器的演奏培训和合奏培训,包括木管类乐器——长笛、单簧管等,铜管类乐器——小号、圆号、长号、中音号、大号,以及各类管乐打击乐器。这些培训旨在提高学生的音乐感受力和演奏技巧，使他们在掌握了必要的器乐音色听觉技能后，进一步提升个人的审美能力。

9. 国乐社团

国乐社团开展各类民族管弦乐器的演奏培训和合奏培训，包括二胡、琵琶、古筝、竹笛、唢呐、笙等多类乐器。国乐社团的开展旨在提高学生的音乐审美能力，建立他们的民族意识，培养他们的爱国精神，并弘扬民族文化。

（二）"尚美社团"评价标准

为了加强对我校学生社团活动的有效管理，我校特制定了一套量化评价细则，旨在充分调动各社团扎实开展活动的积极性和创造性，打造出一批学生喜爱、特色鲜明的高品位学生社团，从而实现促进学生特长培养与发展的教育目标，推动我校学生社团工作逐步走向制度化、规范化。西安高新第一小学"尚美音乐"社团评价标准见表9-4-3。

表 9-4-3　西安高新第一小学"尚美音乐"评价标准

项目	评价内容	评价等级
课程规划	有长期发展计划，有具体的活动场所，制订详细的学期教学计划，书写翔实的教案	☆☆☆☆☆
课程实施	有固定的授课时间，至少有一名专业指导教师，始终重视学生特长，满足学生发展音乐的需求	☆☆☆☆☆
课程特色	根据地域特色和文化特色，挖掘课程的独特风格，制订个性化的学习内容，激发学生的喜爱之情	☆☆☆☆☆
实践交流	根据课程特点，开设多项丰富的实践活动，引导学生学以致用，让课程真正落到实处	☆☆☆☆☆

四、举办"尚美节日"，尽享音乐之妙

"尚美节日"以丰富学生的课余生活、提升学生的音乐表现力和创造力、培养学生良好的审美情趣和乐观的生活态度为目的而开设，其活动更加多样性和灵活性，让学生在参与中尽享音乐之妙。

（一）"尚美节日"实践与操作

"尚美节日"由"音乐周""一小好声音""一小那抹红""尚美舞台秀"四

大模块组成,旨在提升学生的艺术素养,推动校园精神文明建设,为师生提供丰富的艺术学习资源。在每学年的节日庆典活动中,每个学生都能参与其中,感受节日带来的欢乐与美好。

1. "音乐周"

"音乐周"为学生提供了一个展示音乐学习成果的平台。一年一度的"音乐周"于每年六月举办,全校学生沉浸在音乐的欢乐氛围中,共同歌唱、共同演奏,享受音乐带来的无尽美妙。同时,管乐、国乐、综合专场音乐会也在音乐周中陆续上演,重奏、合奏、合唱、群舞等丰富多样的艺术形式轮番登上舞台,让学生在音乐的熏陶中快乐地成长。

2. "一小好声音"

"一小好声音"旨在提高学生的艺术素养,展现学生多才多艺的学习生活和积极向上的精神风貌,促进学生的全面发展。"一小好声音"以"用歌声展示才艺,让掌声肯定自己"为活动宗旨,面向全校学生,经过海选、复赛、决赛的层层选拔,最后举行颁奖典礼。整个比赛过程公平、公正、公开,为更多热爱音乐、热爱歌唱的学生提供了宝贵的展示平台。

3. "一小那抹红"

"一小那抹红"通过新年音乐会舞台,展示学校音乐社团的教育教学成果。每年新春之际,我们都会迎来备受期待的"一小那抹红•新年音乐会",其节目内容丰富多彩、形式多样,汇聚了我校各音乐社团的优秀作品,让学生们的才艺得以精彩展现。这不仅能提升学生的音乐能力,还将艺术渗透在全校范围内,让每个人都感受到音乐的美好,体会艺术带来的喜悦,提升综合素养。

4. "尚美舞台秀"

学生自发在校门迎宾大道的小舞台上进行才艺展示。"音"因热爱踏歌而来,"秀"出风采,寻梦启航。"尚美舞台秀"为学生提供了一个展示自我、挖掘潜能的舞台,让艺术的气息弥漫在校园每个角落,同时发掘了音乐赋予学生们的无限潜能。在这里,我们共同见证成长,收获喜悦。

(二)"尚美节日"评价标准

制定"尚美节日"评价标准是保证节日活动正常进行的必要手段。为了促进节日课程活动的规范化、科学化,并真正促进学生的发展,我们就必须遵循发展性、适宜性、类别性的原则,采用观摩指导、合作学习等方法,对节日课程活动进行及时评价见表 9-4-4。

表 9-4-4　西安高新第一小学"尚美节日"评价标准

项目	评价标准	星级评价
主题	鲜明、新颖,有明确的指向性	☆☆☆☆☆
	富有时代气息,体现形象的要求	☆☆☆☆☆
内容	活动内容新颖,符合学生的年龄特征	☆☆☆☆☆
	活动形式丰富多彩,有较强的感染力和创造力	☆☆☆☆☆
	贴近学生生活和社会现实	☆☆☆☆☆
形式	寓教于乐,有利于学生个性特长的展示	☆☆☆☆☆
	层次分明,结构完整紧凑	☆☆☆☆☆
	丰富多样,学生喜闻乐见	☆☆☆☆☆
	环境营造得体,较好地烘托节日主题	☆☆☆☆☆
过程	学生参与度高,主体作用得到充分发挥	☆☆☆☆☆
	循序渐进,激发学生爱祖国、爱生活、爱他人的热情	☆☆☆☆☆
	教师引领学生有方,指导有度	☆☆☆☆☆
效果	表演过程中流畅协调,表现力和技巧性强	☆☆☆☆☆
	表演者精神饱满、台风端正,现场观众反响热烈	☆☆☆☆☆
	表演艺术性强、震撼力大、效果良好,在艺术处理上有自己的独到之处	☆☆☆☆☆
	表演具有时代感、抒发健康情怀,能够展现小学生的风采	☆☆☆☆☆

我校"尚美音乐"课程通过多层次、多角度的引导,让儿童在丰富多彩的音乐课程与实践中快乐"唱"、欢畅"舞"、倾情"奏"、悦享"戏",体验并领略音乐的艺术魅力,认识美、感受美、创造美,从而用音乐点亮童心,用旋律启迪至善人生。

第十章
行知道法：做有生活智慧的践行者

　　知行合一是道德与法治的航标。在行与知的辩证发展中，儿童的生活因此变得更具多样性和动态性，他们在体验中学习、在践行中认知，逐渐养成遵纪守法、明礼守信、实践探究、积极创新的良好习惯，从而阳光成长。"行知道法"以活力探究为基石，以多元立体为蓝本，提高儿童的社会适应能力、自我判断能力和参与社会的能力，促使儿童成为智慧生活的践行者。

　　西安高新第一小学的道法学科在学校"一品文化"的引领下，以《中小学法治教育指导纲要》《义务教育道德与法治课程标准（2022年版）》为引导，以发展学生的核心素养为导向，以"成长中的我"为原点，由"自我认识"到"我与自然""我与家庭""我与他人""我与社会""我与国家和人类文明"，不断扩展学生的认识和生活范围。在此过程中，"行知道法"以道德与法治教育为框架，有机融入国家安全教育、生命安全与健康教育、劳动教育、信息素养教育和金融素养教育等相关主题内容，同时加大了对中华民族传统美德、革命传统和法治教育的教育力度。

第一节 知行合一是道德与法治的航标

《义务教育道德与法治课程标准（2022 年版）》明确指出："青少年阶段是人生'拔节孕穗期'，要扣好人生第一粒扣子，尤其需要精心引导和培育。"教育部、司法部、全国普法办印发的《青少年法治教育大纲》强调青少年法治教育的重要性和紧迫性。基于此，结合儿童身心发展特点和时代发展需求，"道德与法治"课程设置应该以儿童真实的生活体验为基础，以正确的价值观为导向，促进儿童养成良好的行为习惯和社会价值认知，使儿童在潜移默化中具备生活经验、知识学习和社会参与的能力。

一、学科价值观

《义务教育道德与法治课程标准（2022 年版）》指出，"道德与法治"是一门以学生的真实生活为基础、以学生良好品德为核心，促进学生社会性发展的综合课程。相比于其他课程，"道德与法治"课程具有综合性、开放性和实践性等特征，是一门集开放、实践于一体的综合课程，旨在培养品德良好、善于探究、学法守法、热爱生活的儿童。

基于此，我校紧紧依托中华优秀传统文化，以"家国情怀""社会关爱""人格修养"等文化主题为载体，结合儿童的身心发展特点，通过故事讲解、文化认知、活动交流等多元方法，深入挖掘传统文化中蕴含的道德精神和法治精神，深入践行社会主义核心价值观，传承润德、养德、重法、守法的文化基因，使儿童真正做到学、思、用贯通，成为有生活智慧的践行者。

二、学科课程理念

思政课是落实立德树人根本任务的关键课程，而道德与法治课程是义务教育阶段的思政课，旨在提升学生的思想政治素质、道德修养、法治素养和人格修养等，增强学生做中国人的志气、骨气、底气，为培养以实现中华民族伟大复兴为己任的有理想、有本领、有担当的时代新人打下牢固的思想根基。思政课具有政治性、思想性、综合性和实践性的特点。

因此,我们认为道德与法治学科的核心概念是"行知道法",其核心在于帮助儿童参与社会、学会做人。儿童的生活体验和社会化需求是"行知道法"课程的基础,而提高德育的时效性和生活性则是"行知道法"课程的重要要求。

课程坚持以人为本的理念,在教育教学中充分发挥教师的引导作用,充分体现儿童的主体作用,构建道德与法治教育立体、多维度的课程体系,全力充实我校"行知道法"课程的内容。

"行知道法"是"多维"的道法课程,以丰富的内容、多样的活动、立体的素材为基础,旨在培养儿童的社会生活技能,满足其身心发展的需求。

"行知道法"是"积极"的道法课程,以社会主义核心价值体系为引导,旨在构建儿童良好的道德行为。

"行知道法"是"发展"的道法课程,以社会生活为基础,并随着社会发展,对儿童进行环境教育、国情教育、民族教育、法治教育和人文教育,具有发展的能动性。

"行知道法"是"品格"的道法课程,旨在全面培养学生的实践能力、创新精神及良好的公民素养,并塑造满足国家需要、积极阳光、具有责任担当的社会公民。

我们希望通过该课程的学习,让儿童体验生活,了解社会,熟悉国情,懂得法律,从而塑造人格健全、品行端正并具备家国情怀和责任担当的新时代优秀小公民。在学习和体验过程中,他们能够提升素养,涵养品格,锻炼自我。

第二节　阳光生长是道德与法治的追求

《青少年法治教育大纲》强调将法治教育融入学校教育的各个阶段,全面提升青少年的法治观念和法律意识,使尊法、学法、守法、用法成为青少年的共同追求和自觉行动,确保学生在快乐中生活,在阳光下成长。

一、学科课程总体目标

（1）学生能够初步了解中国的基本国情、中华优秀传统文化的主要代表性成果，了解中国共产党的历史和革命传统、改革开放和中国特色社会主义的伟大成就，汲取党史、新中国史、改革开放史、社会主义发展史所蕴含的精神力量，热爱伟大祖国、中华民族、中华文化、中国共产党和中国特色社会主义，为自己是中国人而自豪；具有维护民族团结的意识，能够把个人发展和国家命运联系起来，维护国家利益和安全；能够理解社会主义核心价值观的内涵及其重要意义，并在社会生活中自觉践行；能够以实现中华民族伟大复兴为己任，增强做中国人的志气、骨气、底气，不负时代，不负韶华，不负党和人民的殷切期望；关心时事，热爱和平，初步具有国际视野和人类命运共同体意识。

（2）学生能够了解个人生活和公共生活中基本的道德要求和行为规范，能够在日常生活中践行诚实守信、团结友爱、尊老爱幼等基本的道德要求；形成初步的道德认知和判断，能够明辨是非善恶；通过体验、认知和践行，养成良好的道德品质。

（3）学生能够具有基本的规则意识和安全意识，理解宪法的意义，知道与学生生活密切相关的法律，能够初步认识到法律对个人生活、社会秩序和国家发展的规范和保障作用；形成宪法法律至上、法律面前人人平等观念和权利义务相统一观念；遵守规则和法律规范，提高自我防范意识，掌握基本的自我保护方法，预防意外伤害，养成自觉守法、遇事找法、解决问题靠法的思维习惯和行为方式，初步具备依法参与社会生活的能力。

（4）学生能够正确认识生命的意义和价值，珍爱生命，热爱生活；初步具有自尊自强、坚忍乐观的心理素质和道德品质；具有理性平和的心态，能够建立良好的同伴关系、师生关系和家庭关系，树立正确的合作与竞争观念，具有团队意识和互助精神；具备积极向上、锐意进取的人生态度，能够适应变化，不怕挫折。

（5）学生能够关心集体、社会和国家，具有主人翁意识、责任感和集体主义精神，主动承担对自己、家庭、学校和社会的责任，自觉维护祖国统一和国家安全；能够主动参与志愿者活动、社区服务活动，具有为人民服务的奉献精神，勇于担当；能够遵守社会规则和社会公德，依法依规有序参与公共事务，具有公共意识和公共精神；敬畏自然，保护环境，形成人与自然生命共同体的意识。

二、学科课程年级目标

根据《义务教育道德与法治课程标准(2022 年版)》和《青少年法治教育大纲》的要求,结合我校道德与法治学科课程总目标和1～6 年级儿童学情,我们对每一个单元的目标进行系统梳理,将总体目标转化为年级目标。这里,我们以三年级目标为例,展示一个年级的目标(见表 10-2-1)。

表 10-2-1 西安高新第一小学"行知道法"课程三年级目标

学期	单元	课程目标
上学期	第一单元	1. 共同要求。 (1)快乐学习,勇于战胜困难。 (2)努力去学习,爱思考,敢于提问。 (3)肯动脑,不怕困难,学会合理安排和利用时间,提高学习效率。 2. 校本要求。 (1)懂得每个人都需要通过学习来使自己获得成长和进步。 (3)明白每个人都有自己的长处,拥有巨大的学习潜力
	第二单元	1. 共同要求。 (1)培养儿童的责任感和主人翁精神。 (2)了解老师工作的辛苦,树立正确对待老师表扬与批评的态度。 (3)了解学校生活,珍惜校园生活,能为解决学校生活中存在的问题提出自己的看法和建议。 2. 校本要求。 (1)了解我们的学校,熟悉学校的一草一木,并在实践中了解学校,熟悉学校。 (2)关心学校存在的问题并积极寻求解决的方法
	第三单元	1. 共同要求。 (1)知道生命来之不易,体会生命的珍贵。 (2)了解常见的交通安全、游泳安全等常识。 2. 校本要求。 (1)珍惜生命既是对自己负责,又是对父母辛苦付出的最基本的回报。 (2)在学习中了解生活中存在的危险并自觉远离
	第四单元	1. 共同要求。 (1)让儿童了解父母之爱,体验亲情的无私和伟大。 (2)认识家庭生活的重要性,理解家的温馨和爱。 2. 校本要求。 理解父母,爱父母

续表

学期	单元	课程目标
下学期	第一单元	1. 共同要求。 （1）了解到每个人都有自己的特点，正确认识自己的优缺点。 （2）清楚地表达自己的见解和感受，比较客观地评价自己。 （3）认识到每个人都是不同的。 （4）能分辨是非，知道说谎的后果。 （5）与他人平等地合作与交流。 2. 校本要求。 （1）了解他人对自己的看法，多角度地了解自己。 （2）懂得诚实的内涵
	第二单元	1. 共同要求。 （1）了解自己生活的地方。 （2）学习邻里之间相处的常识。 （3）了解自己家乡的自然环境和人文环境。 2. 校本要求。 （1）深入了解所居住的地方，并改进居住地所存在的问题。 （2）了解家乡的自然环境和物产情况，以及家乡人的特点
	第三单元	1. 共同要求。 （1）了解生活中常用公共设施的作用。 （2）懂得社会上还有许多需要帮助的人，并知道如何帮助他们。 2. 校本要求。 （1）培养公共生活中的规则意识，提高关爱他人的道德认知。 （2）了解公共生活中的各项规则
	第四单元	1. 共同要求。 （1）了解现代出行的方式和现代交通工具的发展历程。 （2）了解通信的发展，知道现代通信的种类和方式。 2. 校本要求。 初步认识我国的交通发展状况，感受交通的便捷和良性发展

第三节 多元立体是道德与法治的蓝本

"行知道法"依据学校"一品文化"体系，根据《义务教育道德与法治课程标准（2022年版）》，结合课程内容和儿童身心发展特点来设立课程。

一、学科课程结构

依据《义务教育道德与法治课程标准（2022年版）》，我校基础型课程以部编版小学1～6年级的《道德与法治》教材为载体，而拓展型课程则以学生兴趣、潜能为依据，稳步推进并完善"行知道法"课程设置。我们按年级分阶段设计了行知爱国、行知规则、行知文明、行知情怀等部分内容，如图10-3-1所示。

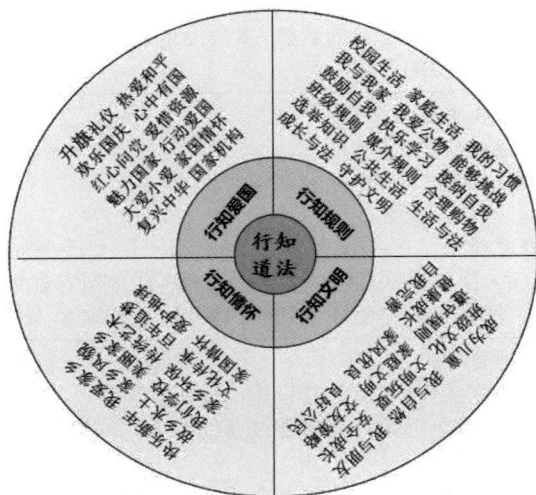

图 10-3-1　西安高新第一小学"行知道法"课程结构

（一）行知爱国

行知爱国以红领巾文化、党团队建设为主要内容，将国庆、建党、社会新风貌等一系列爱国主题作为课程资源，构建课堂教学和活动实践相结合的课程体系，以促进儿童核心素养的深化和爱国意识的养成。

（二）行知规则

行知规则是以儿童行为习惯教育为着眼点的教育课程，旨在教育儿童形成规范的课堂行为和课间活动习惯，营造良好的家庭氛围，促进同伴间温馨的合作，以及构建健康安全的生存空间。通过这一课程，儿童将树立良好的规则意识，并培养一定的责任意识、安全意识和文明素养。

（三）行知文明

行知文明以礼仪常规为主，包括家庭礼仪、校园礼仪、社会礼仪等，引导儿童养成文明礼仪风范，以此促进我校的办学思想更好地贯彻，营造良好的校园风貌，树立集体意识，培养自主参与各种活动的能力。

（四）行知情怀

行知情怀深度挖掘中华文化，使儿童了解并掌握中华优秀传统文化的内涵和意义，感受中华博大精深的文化底蕴，做好中华优秀传统文化的传承者，增强民族自豪感和自信心。

二、学科课程设置

我们遵循道德与法治教育教学规律、儿童认识发展与成长规律，稳步推进并逐步完善"行知道法"课程设置。通过行知爱国、行知规则、行知文明、行知情怀4个维度，我们按年级分阶段落实课程。从纵向看，课程内容体现由浅至深的螺旋上升趋势；从横向看，课程涵盖各年级4个维度的学习，环环相扣，呈现多元立体的课程群态势（见表10-3-1）。

表10-3-1 西安高新第一小学"行知道法"拓展课程

年级	学期	课程			
		行知爱国	行知规则	行知文明	行知情怀
一年级	上学期	升旗礼仪	校园生活 家庭生活	成为儿童	快乐新年
	下学期	心中有国	我的习惯 我与我家	我与自然 我与朋友	我爱家乡
二年级	上学期	欢乐国庆	我爱公物	班级文化	故乡水土
	下学期	爱惜资源	能够挑战 鼓励自我	文明玩耍	家乡风貌
三年级	上学期	红心向党	快乐学习	安全成长	我们学校
	下学期	魅力国家	接纳自我	遵守规则	美丽家乡
四年级	上学期	行动爱国	班级规则 媒介规则	家庭文明	家乡环保
	下学期	大爱小爱	合理购物	交友策略	传统艺术

续表

年级	学期	课程			
		行知爱国	行知规则	行知文明	行知情怀
五年级	上学期	家国情怀	选举知识	健康成长	文化传承
	下学期	复兴中华	公共生活	家风优良	百年追梦
六年级	上学期	国家机构	生活与法 成长与法	良好公民	家国情怀
	下学期	热爱和平	守护文明	自我完善	爱护地球

第四节　践行引领是道德与法治的路径

我校根据"行知道法"的课程理念和目标要求,从"行知课堂""行知课程""行知节日""行知社团""行知之旅"等5个方面全面落实,努力让儿童过完整的道法生活。

一、开设"行知课堂",让"行知道法"落地生根

学校课程实施的主要阵地在课堂,而践行、引领是课程实施的主要途径。

(一)"行知课堂"实践与操作

"行知课堂"是基于我校"5E"课程体系,在长期的课堂教学实践中生成的一种课堂教学形态。"行知课堂"鼓励儿童在体验中感悟,在感悟中践行,在践行中成长。

"行知课堂"旨在引导儿童参与社会、学会学习、学会做人,关注每一个儿童的成长,促进他们内心世界的丰富和主体人格的健全,培养他们对生活的积极态度和参与社会生活的能力。这一过程体现了以人为本的现代教育理念,旨在将儿童塑造成为有爱心、有责任心、有良好行为习惯和高尚品德的人。

"行知课堂"就是教师运用自己的智慧和多种教学模式进行多角度、多样化的教学设计,以充分调动学生的学习积极性,并运用体验教育的方式来增强学生的责任意识、规则意识、社会意识。

（二）"行知课堂"评价标准

"行知课堂"依据以人为本的学科理念，秉承趣味性、主体性、实践性、探究性、社会性的特点，设计"行知课堂"评价量表，开发多元评价渠道，对课堂进行量化评价（见表10-4-1）。这一评价体系旨在促进儿童在"思想健康、热爱生活、积极探究"等综合素养方面的健康发展。

表 10-4-1 西安高新第一小学"行知课堂"评价标准

评定内容	评定项目	评定分数	得分
趣味性	1. 教学方式多样，提高课堂效率。 2. 采用多种评价方式，促进儿童成长。 3. 教学结构合理，活动循序渐进。 4. 教学设计符合儿童身心发展规律，促进儿童成长	20	
主体性	1. 尊重儿童在课堂上的主体地位，教师进行引导。 2. 倡导个性化、多样化的学习方式，构建和谐共生的学习环境。 3. 关注儿童的问题，重视儿童的学习感受。 4. 聚焦课堂动态生成，提高课堂教学有效性	20	
实践性	1. 儿童参与度极高。 2. 课堂情境设置合理，使儿童容易产生共鸣。 3. 积极参与、勇于探讨，具备创新能力	20	
探究性	1. 创造性地使用教材，注重学科资源的整合与开发。 2. 乐于探讨，能够积极参与师生互动和生生互动，敢于质疑。 3. 展现综合能力	20	
社会性	1. 注重情境创设，紧跟社会化进程。 2. 积极开展社会实践活动，构建"课堂＋教学"的新模式。 3. 强调社会实践的时效性、成长性、人文性和灵动性	20	
亮点			
感受			
总评			

二、完善"行知课程"，让"行知道法"多维展现

课程群的生活性是课程延伸中"行"的重要基础，课程群的多元性是追求

"知"的目标要求。

（一）"行知课程"实践与操作

"行知课程"旨在为儿童成长铺路，结合儿童身心特点，立足儿童终身发展，着重培养儿童的创新精神，并开展实践探究课程。通过课程设置，"行知课程"能够有效提升儿童的道德修养和责任意识，进而帮助儿童健全人格，形成积极阳光的人生态度。同时，我们不断优化课程设计，构建高品质校本课程，提供切实有效的学法指导，并构建多维社会教育体系。在这个过程中，我们利用体验、探究、反思等方式，不断推进课程的实效性。

（二）"行知课程"评价标准

评价要面向全体儿童，从每个儿童的实际出发，尊重个体差异，坚持以学促评、以评促教，实现"教—学—评"的一致性。同时，我们注重认知与行为、共性与个性相统一的评价导向，为了激励儿童，采用了多元立体的评价方式。结合"行知课程"的导向性原则、有效性原则、开放性原则和可行性原则，我们制定了"行知课程"评价标准（见表10-4-2）。

表 10-4-2　西安高新第一小学"行知课程"评价标准

评定内容	评定项目	评定方式	得分
目标（25分）	用正确的价值观进行引导，使儿童在自己喜欢的活动中获得发展，促进儿童道德修养的提升和道德实践的深化	看活动方案、学期小结等	
设计（25分）	充分重视活动的生成性和儿童的实际表现，将预设与生成有机结合；既关注目标内容的整体性，又侧重并突出重点，确保单元主题与儿童特点相结合	以质性评价为主，量化评价为辅	
实施（25分）	采用儿童自主选择活动的方式，引导儿童制订活动计划，鼓励儿童表达自我观点，并为他们提供充分的自主探究和小组合作机会	成长资料袋评价、儿童作品赏析、小组答辩	
效果（25分）	教师应客观、全面、谨慎地解读评价结果，发现儿童的个性特点、潜能优势等，并利用评价结果来识别问题、改进教学，并切实提升课程质量	以多种形式如语言、绘画、动作表演、作文等，表现并分享活动的成果	
总分			

三、开辟"行知节日"，让"行知道法"彰显姿态

中外节日蕴含着世界各地人民丰富的文化内涵和精神文化追求，我们将这些节日引入日常教学活动中，使其更贴近儿童的生活，增添生活仪式感。面向全体儿童，我们将节日设计成课程，旨在传递党的教育方针，实现教育的最本真目的，培养出德智体美劳全面发展的社会主义建设者和接班人。

（一）"行知节日"实践与操作

"行知节日"旨在以正确的价值引领儿童，以积极的力量激励儿童，促进儿童养成良好的品德和行为习惯。我们以年级为单位，利用中华传统节日和二十四节气，开展介绍节日历史渊源、精神内涵和文化习俗等校园文化活动，并通过绘画、书法、小报、诗歌、舞蹈、课本剧和手工制作等多种形式来呈现。

（二）"行知节日"评价标准

制定"行知节日"评价标准是保障节日课程效果的必要手段。我们在对节日课程活动进行评价时，遵循发展性、类别性的原则，并采用观摩谈话、案例分析等方法进行（见表 10-4-3）。

表 10-4-3　西安高新第一小学"行知节日"评价标准

评价项目	评价要点	评价标准	权重	得分
目标内容	目标明确	新颖，有明确的指向性，体现校园文化内涵，符合儿童的认知特点和认知规律；激发儿童的活动热情，锻炼儿童的交际能力和管理能力	10%	
	切合实际	活动设计符合儿童的认知能力	5%	
目标内容	内容丰盈	活动表现形式多样，具有趣味性；活动环节经典且富有意义，贴近儿童的生活和社会现实	5%	
策划准备	全面策划	有详细的策划方案	5%	
	宣传到位	宣传方式灵活多样且富有创意，能充分调动儿童参与的积极性	5%	
	准备充分	作品精美，海报色彩鲜艳	5%	
	场地划分	各年级各班明确活动地点	5%	

续表

评价项目	评价要点	评价标准	权重	得分
活动过程	活动要素	活动组织得力,确保安全性	10%	
	活动步骤	活动步骤有序,过程紧凑,充分展示儿童的个性;内容丰富多样,深受儿童喜爱;环境营造得体,烘托节日氛围	10%	
	儿童自主性	活动充分展现儿童的自主性,运用多种宣传形式来宣传不同板块的主题,尽可能实现预期活动目标	10%	
	儿童创造性	活动形式力求丰富多彩,反映儿童的认知特点和情感发展规律;鼓励儿童热情参与,充分发挥主体作用;通过循序渐进的方式,进一步激发儿童的活动热情	10%	
活动影响	校内影响	激发儿童的学习兴趣,以榜样力量激励全体儿童积极学习,丰富学习体验。儿童获得积极的体验与情感共鸣;教师引领有方、指导有度;全校精神振奋,思想境界得到提升	10%	
	社会影响	树立远大理想,为儿童树立正确的人生观奠定基础;获得社会的广泛关注,产生积极的社会效应,宣传学校的办学理念	10%	

四、组建"行知社团",让"行知道法"多彩绽放

社团是由具有共同爱好或特长的学生组成的团体。"行知社团"通过校际活动,让学生在提升能力的同时,感知他人的反馈和评价,从而正确、客观地认识自己,并在此过程中明确方向,旨在培育学生成为全面发展的社会人。

(一)"行知社团"实践与操作

我校"行知社团"丰富多样且实效显著,对于儿童来说,这里就是课堂学习后的练兵场。目前,道法学科的每位老师都制定了独具特色的社团互动规划,这是我们课程灿烂之所在,是从内到外的绽放,是从量变到质变的升华。小记者社团、青松小交警社团、小白鸽礼仪社团、新新鼓号社团、图书室文心社团等10余个社团共同构成了"行知社团"的核心组成部分。

1. 小记者社团

小记者社团通过开展采访、征文、校报编撰等丰富多彩的实践活动，为儿童搭建了展示自我、丰富课外知识、提升自我才能和综合素质的平台，从而培养具备采访和写作能力的多元人才。

2. 青松小交警社团

青松小交警社团由三四年级的儿童组成，在学期伊始便组成队伍，开始了每周一次的常规训练。在训练中，老队员带领新成员练习"交通指挥手势操"。在每年三月的交通安全宣传月启动仪式上，青松小交警社团的儿童运用所学宣传交通安全知识，并在交警叔叔的带领下走上街头，以实际行动倡导市民遵守交通秩序。

3. 小白鸽礼仪社团

小白鸽礼仪社团是一个儿童团体，每周开设一次礼仪课程，内容涵盖待人接物到活动礼仪的系统培训，旨在使儿童在理性认识的基础上将礼仪知识内化为行动。小白鸽礼仪社团鼓励儿童积极参与校内外的各种礼仪活动。通过这些活动，小白鸽礼仪社团将以独特的气质魅力，不断开拓创新、规范自我，力求成为更加完美的精品社团。

4. 新新鼓号社团

新新鼓号社团专为少先队的集会和活动提供鼓乐支持，共有团员 88 人，他们在每天大课间进行训练。新新鼓号社团不仅有助于活跃少先队员的组织生活，促进队员的健康成长，还极大地增强了少先队活动的仪式感和严肃性，进一步加深了少先队员的荣誉感和组织归属感。

5. 图书室文心社团

图书室文心社团以激发儿童的口语表达和课外阅读兴趣为主要目的，采取有效方法，为广大儿童提供了展示自我的空间和舞台。

（二）"行知社团"评价标准

为了完善"行知社团"课程，保障社团课程的教学品质，并确保儿童安全、有序地参与活动，我们制定了社团评价标准（见表 10-4-4）。

表10-4-4　西安高新第一小学"行知社团"评价标准

评定内容	评定内容	评价标准	评价等级
制度与计划（25分）	看社团章程、计划等	社团有明确的章程、计划,课程设置完善	☆☆☆☆☆
资料与整理（25分）	看学期活动记录表、活动小结	学期初及时上交本学期社团计划,学期末及时上交社团活动记录表,有活动反思且内容完整	☆☆☆☆☆
活动与考勤（25分）	看评价方案、儿童活动感受记录	教师能够按要求开展活动,对儿童进行有效指导;活动丰富多彩、规范细致	☆☆☆☆☆
效果与反馈（25分）	儿童社团展示效果	能以个性的方式展示社团活动成果;儿童、家长和班主任对社团活动的满意率超过85%	☆☆☆☆☆
总分			

五、开展"行知之旅",让"行知道法"有效延伸

我校积极推动研学旅行,传承并发展了我国传统游学中"读万卷书,行万里路"的教育理念和人文精神,使其成为素质教育的新内容和新方式。同时,我校开展"行知之旅",让"行知道法"得以有效拓展。

（一）"行知之旅"实践与操作

结合我校实际情况,我们组织4~6年级学生赴陕西省部分旅游胜地进行"行知之旅"活动,让学生充分领略陕西文化的深厚底蕴,增强他们对自然与文化的亲近感,增强他们对集体生活和社会公共道德的体验感,同时培养他们热爱家乡、热爱社会的情感。我校基于"行知之旅"的教育理念和目标,召开会议部署活动,制定详细的活动方案和安全预案,筹备活动的各项事宜,并按年级统一编制活动手册供学生填写。

（二）"行知之旅"评价标准

为确保"行知之旅"的深入开展,我们制定了"行知之旅"评价表,从活动实施和儿童体验两个维度进行综合考评（见表10-4-5）。

表 10-4-5　西安高新第一小学"行知之旅"评价

评定内容	评定标准	评定总分	得分
趣味性	1. 活动地点有丰富的底蕴。 2. 动形式丰富多样，并与各学科知识紧密结合。 3. 活动循序渐进	20	
主体性	1. 尊重儿童的主体地位，发挥老师在课堂上的主导作用。 2. 倡导个性化、多样化学习，建构和谐共生的多种学习方式。 3. 关注儿童问题和学习感受。 4. 聚焦课堂生成内容的有效处理	20	
参与性	1. 儿童前期充满兴趣，做好攻略。 2. 途中真诚表达，能够帮助同伴。 3. 积极倾听导游讲解，不耻下问	20	
发展性	1. 前期对旅行地点充分了解。 2. 途中与儿童互动，答疑解惑。 3. 旅行结束后，结合各学科进行交流评价，促进儿童综合能力的全面发展	20	
安全性	1. 旅行前期，安全预案准备充分。 2. 旅行过程中，突发情况能妥善处理。 3. 旅行结束后，安全返校	20	
活动亮点			
心得体会			
总评			

　　总之，"行知道法"是我们的不懈追求。在"行知道法"的课程引领下，我们坚持体验教育，践行生活德育，让德育课程真正融入儿童生活。我们致力于通过践行、探究、提升来丰富儿童的童年，使之成为儿童向阳生长的航标，并培养儿童成为有生活智慧的实践者。

参考文献

[1] 中华人民共和国教育部. 义务教育语文课程标准(2022 年版)[M]. 北京：北京师范大学出版社,2022.

[2] 于漪. 于漪与教育教学求索[M]. 北京：北京师范大学出版社,2015.

[3] 中华人民共和国教育部. 义务教育英语课程标准(2022 年版)[M]. 北京：北京师范大学出版社,2022.

[4] 中华人民共和国教育部. 义务教育数学课程标准(2022 年版)[M]. 北京：北京师范大学出版社,2022.

[5] 中华人民共和国教育部. 义务教育信息科技课程标准(2022 年版)[M]. 北京：北京师范大学出版社,2022.

[6] 中华人民共和国教育部. 中小学综合实践活动课程指导纲要[M]. 北京：北京师范大学出版社,2017.

[7] 江芳芳. 为学生打造创新素养的隐形翅膀：浅谈如何有效开发信息技术课堂的隐性课程[J]. 中国校外教育,2012(26)：162.

[8] 中华人民共和国教育部. 义务教育科学课程标准(2022 年版)[M]. 北京：北京师范大学出版社,2022.

[9] 中华人民共和国教育部. 义务教育体育与健康课程标准(2022 年版)[M]. 北京：北京师范大学出版社,2022.

[10] 中华人民共和国教育部. 中小学心理健康教育指导纲要[M]. 北京：北京师范大学出版社,2013.

[11] 乌申斯基. 乌申斯基教育文选[M]. 郑文樾,张佩珍,冯天向,译. 北京：人民教育出版社,1997.

[12] Noddings Nel. Happiness and Education[M]. Cambridge：Cambridge University Press,2003.

[13] 申喆. 中小学心理核心素养的内涵与构成[J]. 中小学心理健康教育，2017(13)：67.

[14] 中华人民共和国教育部. 义务教育艺术课程标准(2022年版)[M]. 北京：北京师范大学出版社. 2022.

[15] 芭芭拉·哈泽尔巴赫. 奥尔夫教学法的理论与实践[M]. 北京：中央音乐学院出版社,2014.

[16] 杨立梅. 柯达伊音乐教育思想与匈牙利音乐教育[M]. 上海：上海教育出版社,2010.

[17] 廖乃雄. 论音乐教育[M]. 北京：中央音乐学院出版社,2010.

[18] 中华人民共和国教育部. 义务教育道德与法治课程标准(2022年版)[M]. 北京：北京师范大学出版社,2022.